Angelika Königseder

Herbert Cram und der Verlag Walter de Gruyter
1945 bis 1967

Angelika Königseder

Herbert Cram und der Verlag Walter de Gruyter 1945 bis 1967

Ein Wissenschaftsverlag im Nachkriegsberlin

Mohr Siebeck

Angelika Königseder, geboren 1966; Studium der Politikwissenschaften und Geschichte; 1996 Promotion; 1991–2010 in verschiedenen Projekten am Zentrum für Antisemitismusforschung, TU Berlin; 2011–2019 freiberuflich als Historikerin, Lektorin und Kuratorin von Ausstellungen zur NS-Zeit; seit 2020 Forschungs- und Projektkoordinatorin des Arthur Langerman Archivs für die Erforschung des visuellen Antisemitismus am Zentrum für Antisemitismusforschung, TU Berlin.

Die Arbeit wurde von der Walter de Gruyter Stiftung gefördert.

ISBN 978-3-16-160855-1 / eISBN 978-3-16-160856-8
DOI 10.1628/978-3-16-160856-8

Die Deutsche Nationalbibliothek verzeichnet diese Publikation in der Deutschen Nationalbibliographie; detaillierte bibliographische Daten sind über *http://dnb.dnb.de* abrufbar.

© 2021 Mohr Siebeck Tübingen. www.mohrsiebeck.com

Das Buch wurde von epline aus der Minion gesetzt, von Hubert und Co. in Göttingen auf alterungsbeständiges Werkdruckpapier gedruckt und gebunden.

Den Umschlag entwarf Uli Gleis in Tübingen; Abbildung: Ausschnitt aus Schreiben von Herbert Cram an Civilingenieur Fritz Raskop vom 14. Mai 1947. Quelle: Staatsbibliothek zu Berlin, Dep. 42,422 (Verlagsarchiv De Gruyter)

Printed in Germany.

Vorwort

Kontinuität und verpasste Chancen

Im Jahr 2015 erschien Angelika Königseders Buch „Walter de Gruyter. Ein Wissenschaftsverlag im Nationalsozialismus". Die Ergebnisse ihrer Forschung, die von der Walter de Gruyter Stiftung in Auftrag gegeben worden war, stießen auf große Resonanz. Das Resümee der Historikerin hat uns beide, genauso wie alle anderen Eigentümer des Familienunternehmens, betroffen gemacht. Unser Großvater, der Verleger Herbert Cram, hegte wenig Sympathie für den Nationalsozialismus, sondern stand der Bekennenden Kirche nahe und unterstützte einzelne Opfer des NS-Regimes. Trotzdem ordnete er den Walter de Gruyter Verlag der NS-Ideologie unter. Er nutzte vorhandene Handlungsspielräume nicht. Jüdische und politisch nicht mehr opportune Autoren wurden fallen gelassen. Es ging Herbert Cram darum, den wirtschaftlichen Erfolg beziehungsweise später das wirtschaftliche Überleben zu sichern. Es gab, so schrieb ein Rezensent des Buches, in der Zeit des Nationalsozialismus im Walter de Gruyter Verlag „sehr viel Profit, viel Schatten und auch ein wenig Licht".

Schon zu dem Zeitpunkt, als die Walter de Gruyter Stiftung die Studie über die Jahre 1933 bis 1945 in Auftrag gegeben hatte, war uns klar, dass die Geschichte 1945 nicht endet. Und uns war bewusst, dass die Geschichte des Walter de Gruyter Verlages im Nationalsozialismus nicht vollständig erzählt ist, solange wir uns nicht auch mit der Zeit des Wiederaufbaus nach dem Zweiten Weltkrieg beschäftigen. Unter welchen Bedingungen vollzog sich der Neustart? Wie wurde der Verlag entnazifiziert? Unser besonderes Interesse galt zudem der Frage, ob sich Herbert Cram darum bemühte, im Nationalsozialismus fallen gelassene Autoren nach 1945 zu rehabilitieren.

Die Walter de Gruyter Stiftung sieht es als Teil ihres Auftrages an, solche Fragen zu stellen. Sie wurde im Jahr 2006 von Gesellschafterinnen und Gesellschaftern des Walter de Gruyter Verlages gegründet, zum Stiftungskapital gehören auch Gesellschaftsanteile. Der Stiftungszweck ist die Förderung von Wissenschaft und Forschung. Die Stiftung, ihre Stifterinnen und Stifter fühlen sich darüber hinaus den Werten einer freien und demokratischen

Gesellschaft verpflichtet. Die selbstkritische Beschäftigung mit der eigenen Unternehmensgeschichte ist ein Teil davon.

Es gab in der Walter de Gruyter Stiftung nie einen Zweifel daran, dass wir Angelika Königseder auch mit dieser zweiten Forschungsarbeit beauftragen. Sie ist eine herausragende Historikerin und mittlerweile eine intime Kennerin der Geschichte des Walter de Gruyter Verlages. Uns war auch diesmal wichtig, ihr jedwede Unterstützung zukommen zu lassen und ihr den Zugang zu allen Unterlagen zu ermöglichen. Auch diese zweite Forschungsarbeit zur Geschichte des Walter de Gruyter Verlages erscheint, ohne dass die Stiftung oder Familie auf deren Ergebnisse und Bewertung Einfluss genommen haben. Und es war für uns zudem selbstverständlich, dass dieses zweite Buch wieder bei Mohr Siebeck erscheint.

Angelika Königseder legt nun also die Ergebnisse ihrer zweiten Forschungsarbeit zur Geschichte des Walter de Gruyter Verlages vor. Was sich schon für die Jahre 1933 bis 1945 feststellen ließ, dass nämlich das Agieren des Walter de Gruyter Verlages exemplarisch für einen Großteil der mittelständischen Unternehmen in Deutschland stand, gilt auch für die unmittelbare Nachkriegszeit. So wenig sich zudem die deutsche Wissenschaft in der Nachkriegszeit mit ihren Verstrickungen auseinandersetzte, so wenig tat dies Herbert Cram. So bruchlos viele Karrieren in der Wissenschaft fortgesetzt wurden, so bruchlos machte auch der Walter de Gruyter Verlag einfach weiter. Wieder ging es ihm nur darum, das Familienunternehmen zu erhalten, seine wirtschaftliche Existenz zu sichern. Auch mit Autoren, die tief in das nationalsozialistische Regime verstrickt waren, wurde weitergearbeitet. Um Autoren hingegen, die nach 1933 aus Deutschland emigrieren mussten, bemühte sich Herbert Cram nach 1945 nicht. Eine Bereitschaft, sich mit den zwölf Jahren Diktatur auseinanderzusetzen, ist bei ihm nicht zu erkennen. Umso wichtiger ist es, dass nachfolgende Generationen nun diese Bereitschaft aufbringen.

Mit dieser zweiten Studie verband sich für die Walter de Gruyter Stiftung allerdings noch ein weiteres Interesse: Wie entwickelte sich der Walter de Gruyter Verlag als in West-Berlin ansässiges Verlagsunternehmen im Kalten Krieg? Welche Konsequenzen ergaben sich aus dem Mauerbau? Und wie ging Herbert Cram mit den Chancen um, die sich aus dem internationalen wissenschaftlichen Aufbruch in den 1950er und 1960er Jahren für einen Wissenschaftsverlag eröffneten?

Das Buch über den Walter de Gruyter Verlag in den Jahren 1945 bis 1967 ist deshalb mehr als ein Appendix des Buches über die NS-Zeit. Es knüpft an die erste Studie an, betrachtet aber zugleich eine eigenständige Epoche in der Geschichte des Walter de Gruyter Verlages. Sie erscheint auch deshalb nicht als erweiterte Neuauflage, sondern eigenständig. Und wir lernen nun, dass

Herbert Cram nach dem Zweiten Weltkrieg auf Kontinuität setzte. Er hatte hingegen nicht mehr den Willen und die Kraft, den Verlag zu modernisieren und zu internationalisieren. Innerfamiliäre Auseinandersetzungen taten ein Übriges.

Am 31. Juli 1967 starb Herbert Cram. Für den Walter de Gruyter Verlag, dessen Geschichte bis in das Jahr 1749 zurückreicht, markiert sein Tod eine Zäsur. Mit dieser endet auch der Zeitraum in der Geschichte des Verlages, den Angelika Königseder für dieses Buch betrachtet hat. 44 Jahre führte unser Großvater den Verlag. Bei aller kritischen Auseinandersetzung mit ihm wissen wir auch, was die Familie ihm verdankt. Sein Sohn Kurt-Georg Cram konnte schließlich die Chance zur Internationalisierung ergreifen. Heute ist der Walter de Gruyter Verlag ein global tätiger Wissenschaftsverlag, die digitale Transformation ist auf einem guten Weg. Wir sind stolz auf diese Entwicklung. Trotzdem wissen wir um die wechselvolle Geschichte des Verlages. Wir wissen bei allem Licht auch um den Schatten, den Teile dieser Geschichte auf das Familienunternehmen werfen. Dies macht uns als Miteigentümer des Walter de Gruyter Verlages demütig und diese Demut wird die Arbeit der Walter de Gruyter Stiftung weiter prägen.

Martin Cram, Mitglied im Kuratorium der Walter de Gruyter Stiftung
Christoph Seils, Vorsitzender des Kuratoriums der Walter de Gruyter Stiftung

Inhalt

Inhalt

„Den Krieg haben wir [...] merkwürdig gut überstanden, nicht so den Zusammenbruch und die Nachzeit."[1] So ernüchternd fiel für Herbert Cram, der den in Berlin ansässigen Wissenschaftsverlag Walter de Gruyter seit dem Tod seines Schwiegervaters, des Verlagsgründers Walter de Gruyter, im Jahr 1923 leitete, die Bilanz des ersten Nachkriegsjahres aus. Geblieben sei dem Verlag lediglich der „Drang zum Wiederaufbau".[2]

---

[1] Herbert Cram an Kurt-Georg Cram, 7.6.1946, Staatsbibliothek zu Berlin (im Folgenden: Stabi) Dep. 42,352. Das umfangreiche Verlagsarchiv befindet sich als Depositum in der Handschriftenabteilung der Berliner Staatsbibliothek und gliedert sich in zwei umfangreiche Teile. Der erste Archivteil ist fortlaufend nummeriert (im Folgenden zit. Dep. 42,1 ff.), der zweite Archivteil ist nach Kartons und Mappen geordnet (im Folgenden zit. Dep. 42, K 1 ff., M 1 ff.). Aus diesen Beständen hat Otto Neuendorff zahlreiche Autorenkorrespondenzen in einem Briefrepertorium zusammengefasst, das ebenfalls in der Berliner Staatsbibliothek zugänglich ist. Vgl. zu dem Bestand: Repertorium der Briefe aus dem Archiv Walter de Gruyter, ausgewählt von Otto Neuendorff, bearbeitet von Anne-Katrin Ziesak, Berlin/New York 1999.

[2] Herbert Cram an Civilingenieur Fritz Raskop, 14.5.1947, Stabi Dep. 42,422.

Vorgeschichte

Walter de Gruyter (1862–1923), promovierter Germanist, hatte mit dem Kapital, das er aus dem Verkauf des väterlichen Kohlenbetriebs im Ruhrgebiet gewonnen hatte, seit dem Ende des 19. Jahrhunderts zielstrebig sein Vorhaben verfolgt, einen wissenschaftlichen Universalverlag zu gründen.[1] 1897 erwarb er den renommierten „Verlag Georg Reimer", dessen publizistisches Wirken bis in das Jahr 1749 zurückreichte, ein Jahr später gemeinsam mit dem Berliner Rechtsanwalt Christian von Bornhaupt die Verlagsbuchhandlung I. Guttentag, 1906/07 den „Verlag Karl I. Trübner", und 1912 beteiligte er sich an der G. J. Göschen'schen Verlagshandlung. Nachdem der Komplementär des „Verlags Veit & Comp.", Otto von Halem, 1915 einer Fusion zugestimmt hatte, war Walter de Gruyters Ziel erreicht: Am 1. Januar 1919 gründete er die „Vereinigung wissenschaftlicher Verleger Walter de Gruyter & Co.", die ihren Sitz in der Berliner Genthiner Straße 38 nahm, wo der Verlag Walter de Gruyter noch heute residiert. Als damaliges „Zentrum der deutschen Wissenschaften"[2] war die deutsche Hauptstadt die ideale Wahl für einen wissenschaftlichen Universalverlag. Die „Vereinigung wissenschaftlicher Verleger Walter de Gruyter & Co." gliederte sich in vier Verlagsabteilungen: Göschen (Mathematik und Technik, Sammlung Göschen), Guttentag (Rechts- und Staatswissenschaften), Reimer/Trübner (Geisteswissenschaften, Kunst und Theologie, Minerva und Kürschners Literaturkalender) sowie Veit (Medizin, Geografie, Naturwissenschaften und Schach) und behielt damit in ihrer Struktur die Schwerpunkte der fusionierten Verlage bei. Dies gewährleistete die Fortsetzung eingeführter wissenschaftlicher Zeitschriften und traditionsreicher Publikationsreihen. Vertrieb, Werbung, Buchhaltung, Finanzen und Personal wurden in einer neu geschaffenen Allgemeinen Abteilung gebündelt. Die etwas umständliche Unternehmens-

---

[1] Vgl. zur Gründungsgeschichte ausführlich: Angelika Königseder, Walter de Gruyter. Ein Wissenschaftsverlag im Nationalsozialismus, Tübingen 2016; Anne-Katrin Ziesak, Der Verlag Walter de Gruyter 1749–1999, Berlin/New York 1999; Gerhard Lüdtke, Der Verlag Walter de Gruyter & Co. Skizzen aus der Geschichte der seinen Aufbau bildenden ehemaligen Firmen, nebst einem Lebensabriß Dr. Walter de Gruyter's, Berlin 1924.

[2] Rüdiger Hachtmann, Berlin – die Wissenschaftsmetropole des „Dritten Reiches", in: Michael Wildt/Christoph Kreutzmüller (Hrsg.), Berlin 1933–1945, München 2013, S. 261.

bezeichnung wurde am 1. Januar 1923 in „Verlag Walter de Gruyter & Co." umgewandelt, nachdem Walter de Gruyter seine Anteile an dem Verlagskonglomerat weiter erhöht hatte.

Sein Tod nur wenige Monate später am 5. September 1923 riss eine große Lücke, die die erfahrenen Abteilungsleiter, die bereits vor der Fusion Führungspositionen in ihren jeweiligen Verlagen innegehabt hatten, zu schließen versuchten. Nachfolger des Verlagschefs Walter de Gruyter wurde sein Schwiegersohn Herbert Cram, ein an der Technischen Hochschule Charlottenburg beschäftigter Maschinenbauingenieur, der mit der ältesten Tochter de Gruyters, Clara, verheiratet war. Bereits drei Wochen nach Walter de Gruyters Tod begann Herbert Cram eine Buchhändlerlehre im Verlag und wurde 1925 persönlich haftender Gesellschafter. Er leitete das Unternehmen bis zu seinem Tod im Jahr 1967 und prägte es maßgeblich.

Durch weitere Verlagszukäufe in den 1920er- und 1930er-Jahren stärkte De Gruyter – der Idee des Firmengründers folgend – seine Stellung als wissenschaftlicher Universalverlag. Diesen Anspruch behielten Verlagschef Herbert Cram und die Abteilungsleiter auch während der nationalsozialistischen Herrschaft bei. Crams oberste Maxime war keine kultur- oder parteipolitische Mission. Er trat nicht der NSDAP bei, begriff den Verlag vielmehr zuvörderst als Wirtschaftsunternehmen, das eine große Familie zu versorgen hatte, der er sich verpflichtet fühlte. Damit unterschied sich der Verlag Walter de Gruyter nicht vom Großteil der mittelständischen Unternehmen, die sich im NS-Staat einrichteten und opportunistisch vom wirtschaftlichen Aufschwung, der jedoch auf Kriegsvorbereitungen und letztlich kriegerischer Expansion basierte, profitierten.

Auch nach der Machtübernahme durch die Nationalsozialisten bemühte sich De Gruyter in aller Regel, wissenschaftliche Standards in seinen Büchern und Zeitschriften aufrechtzuerhalten, was aber die Anpassung an die veränderten politischen Verhältnisse und Publikationsbedingungen keineswegs ausschloss. Herbert Cram trat nicht als skrupelloser „Arisierer" jüdischer Verlage auf, sondern bemühte sich, sein Handeln mit seinen eigenen Prinzipien von „Kaufmannsehre" in Einklang zu bringen.[3] Sobald jedoch jüdische Autoren oder Herausgeber dem ökonomischen Erfolg eines Projekts im Wege zu stehen schienen, löste er die Verträge.[4] Dies betraf in vielen Fällen renommierte Wissenschaftler, die dem Haus lange verbunden waren. Antisemitisch-ideologische Motive waren dabei nicht handlungsleitend; Primat

---

[3] Dies wird z. B. bei der Übernahme des Technischen Verlags von Moritz Krayn im Jahr 1936/37 deutlich, als Herbert Cram auf Augenhöhe mit dem jüdischen Verlagsinhaber verhandelte und seine eingegangenen vertraglichen Verpflichtungen trotz der vom Regime eingeführten Hürden en détail erfüllte. Vgl. dazu Königseder, Walter de Gruyter, S. 120–123.

[4] Vgl. mit zahlreichen Beispielen ebenda, S. 51 ff.

hatte der wirtschaftliche Erfolg. Dies galt auch für die Beschäftigung von Kriegsgefangenen, deren Einsatz infolge fehlender Arbeitskräfte aus betriebswirtschaftlicher Sicht notwendig schien.[5] Die Aufrechterhaltung der auch selbst geforderten wissenschaftlichen Standards bei gleichzeitiger Berücksichtigung staatlicher und parteiamtlicher Erwartungen glich bald einer Gratwanderung. Den Verlag zeichnete dabei wenig Risikofreude aus, vielmehr ordnete er letztlich auch das wissenschaftliche Niveau ohne Prüfung von zweifelsfrei vorhandenen Handlungsspielräumen der Wissenschaftsverlage der NS-Ideologie unter und löste sich von seinen jüdischen und politisch missliebigen Autoren.

Aus Sicht des Unternehmens gab ihm der wirtschaftliche Erfolg recht. Nach ökonomisch schwierigen Jahren erfuhr der Verlag während der NS-Herrschaft einen gewaltigen Aufschwung. Zwar nahm die Zahl der produzierten Titel nach Kriegsbeginn deutlich ab, höhere Auflagen und Lagerausverkäufe bewirkten jedoch eine erhebliche Umsatz- und Gewinnsteigerung.[6] „Uns geht es allen recht gut hier: Der Verlag erlebt trotz des Krieges einen nicht vorher geahnten Aufstieg", schrieb Herbert Cram im Juli 1941 an den in die USA emigrierten Altphilologen und Verlagsautor Prof. Werner Jaeger.[7]

Von Mitte 1943 an beeinträchtigte die Kriegsentwicklung das Verlagsgeschäft. Durch Bombenangriffe auf Leipzig und Berlin wurden umfängliche Buchbestände und Verlagsvorräte, zusehends auch Gebäudeteile zerstört; Teilverlagerungen nach Trebbin und Mühlberg erschwerten die kontinuierliche Arbeit an größeren Projekten. Aber De Gruyter war nicht von den durch Reichspropagandaminister Goebbels angekündigten Verlagsschließungen im August 1944 betroffen.[8] Das Unternehmen wurde als „kriegswichtig" eingestuft und setzte seine Arbeit trotz aller Widrigkeiten unbeirrt fort. Berlin versank in Schutt und Asche, während der Verlag Walter de Gruyter griechische und römische Klassiker im Urtext und in Übersetzung verlegte, Publikationen anlässlich des bevorstehenden 300. Geburtstags von Gottfried Wilhelm Leibniz plante und das Strafgesetzbuch von

---

[5] De Gruyter setzte von August 1940 an französische Kriegsgefangene in der verlagseigenen Druckerei in Trebbin ein. Darüber hinaus bemühte sich der Verlag um Zwangsarbeiter; es liegt jedoch kein Hinweis darauf vor, dass solche tatsächlich eingesetzt wurden.

[6] Vgl. dazu Heinz Sarkowski, Der Springer-Verlag. Stationen seiner Geschichte. Teil I: 1842–1945, Berlin u. a. 1992, S. 368; Siegfried Lokatis, Hanseatische Verlagsanstalt. Politisches Buchmarketing im „Dritten Reich", Frankfurt a. M. 1992, S. 125 f.; Königseder, Walter de Gruyter, S. 168–173.

[7] Herbert Cram an Werner Jaeger, 19.7.1941, Stabi Dep. 42, K 218, M 5.

[8] Goebbels gab am 24. August 1944 bekannt, dass 780 der 1000 noch im Deutschen Reich tätigen Verlage geschlossen werden sollten. Vgl. dazu Hans-Eugen Bühler in Verbindung mit Edelgard Bühler, Der Frontbuchhandel 1939–1945. Organisationen, Kompetenzen, Verlage, Bücher. Eine Dokumentation, Frankfurt a. M. 2002, S. 75–85, 133.

Eduard Kohlrausch neu auflegte. Gleiches schildert Stefan Rebenich für den Verlag C. H. Beck und spricht dabei von dem Versuch, „die Fiktion der kontinuierlichen Buchproduktion aufrechtzuerhalten und dem Tagesgeschäft nachzugehen".[9] In keinem seiner zahlreich vorhandenen Briefwechsel ließ Herbert Cram Resignation oder einen Gedanken, den Betrieb zu unterbrechen oder gar aufzugeben, erkennen.

───────────
    [9] Stefan Rebenich, C. H. Beck 1763–2013. Der kulturwissenschaftliche Verlag und seine Geschichte, München 2013, S. 422 f., 487.

Frühjahr 1945

Am Selbstverständnis, den Verlag unbeirrt fortzuführen, änderte sich auch nach Kriegsende nichts. Lediglich zwischen dem 11. April und dem 29. Mai 1945 hält das Protokollbuch der traditionell wöchentlich stattfindenden Verlagskonferenz im Hause De Gruyter kein Treffen fest.[1] Herbert Cram war vom 21. bis 24. April zum Volkssturm eingezogen und am 26. April in Sagen in sowjetische Kriegsgefangenschaft geraten, aus der er am 25. Juli 1945 zurückkehrte.[2] Rasch war klar, dass der zweite Geschäftsführer Wolf Meinhard von Staa nach dem 8. Mai nur eingeschränkt zur Verfügung stand, weil er aufgrund seiner NSDAP-Mitgliedschaft seine Position aufgeben musste. Hinzu kam, dass das Verlagsgebäude beim Kampf um Berlin stark beschädigt worden war: „Es verlor den größten Teil seines Daches und seiner Fensterrahmen; im hinteren Flügel wurden ein Dachgeschoß und 2 Stock-werke, Treppenhaus und Fahrstuhl zerstört. Das Grundstück Genthinerstr. (Woyrschstr.) 9 wurde völlig zerstört, am Haus Genthinerstr. 11 wurden ernste Schäden durch den Einsatz unserer Kräfte in der Brandbekämpfung vermieden", wie Herbert Cram in seinem Geschäftsbericht festhielt.[3] Zudem beschlagnahmten die Amerikaner am 4. Juli 1945 das Privathaus der Familie in der Lichterfelder Herwarthstraße.[4] Bis zur Freigabe Ende März 1946 wohnte die Großfamilie – Herbert und Clara Cram hatten sieben Kinder – „in ein paar Zimmern des Nachbarhauses".[5]

Bereits am 14. Mai 1945 wurde der Verlag wieder beim Bezirksamt als Ge-werbe registriert. Wegen der Gefangenschaft Herbert Crams oblag es seinem zu diesem Zeitpunkt 25-jährigen Sohn Kurt-Georg, den Geschäftsbetrieb „wieder in Gang zu bringen".[6] Er und Wolf Meinhard von Staa zeichneten den

---

[1] Das Protokollbuch ist einsehbar in: Stabi Dep. 42,507.

[2] Tagebuch Clara Cram, Eintrag vom 25.7.1945, Privatbesitz.

[3] Herbert Cram, Geschäftsbericht über die Geschäftsjahre 1944–1947, 4.4.1950, Stabi Dep. 42,399.

[4] Handschriftlicher Kalender von Herbert Cram 1946/47, Stabi Dep. 42,413; Tagebuch Clara Cram, Einträge vom 2.7.1945 an, Privatbesitz.

[5] Herbert Cram an Geheimrat Prof. Dr. Heymann, 28.1.1946, Stabi Dep. 42,364.

[6] Herbert Cram, Geschäftsbericht über die Geschäftsjahre 1944–1947, 4.4.1950, Stabi Dep. 42,399.

Umlauf vom 24. Mai 1945, der die Belegschaft darüber in Kenntnis setzte. Nach einem allgemein gehaltenen Appell, dass sich die Mitarbeiter „mit allen Kräften" bemühen müssten, „die angerichteten Zerstörungen recht bald zu beseitigen und dann die Arbeit wieder aufzunehmen", und dem Aufruf, dass jede Abteilung wegen der nicht zur Verfügung stehenden Handwerker „zur Selbsthilfe greifen" und „ihre Räume einigermaßen in Ordnung" bringen müsse,[7] zeugte der Umlauf vom gleichen Pragmatismus, der den Verlagsalltag auch in den letzten Kriegsjahren gekennzeichnet hatte:

Bis zur Wiederaufnahme regelmäßiger Fahrverbindungen wollen wir jeden 2. Tag herkommen und zwar jeweils Montag, Mittwoch und Freitag; die Arbeitszeit soll vorerst von 9–15 Uhr sein. Wir wollen versuchen, die Werkküche (Mackuth) so schnell wie möglich wieder in Gang zu bringen, doch sind hierzu viele behördliche Genehmigungen notwendig.

Sofern keine anderweitigen behördlichen Anordnungen erfolgen, soll am 30.5. das Gehalt für Mai 1945 gezahlt werden. Der Berechnung wird die verkürzte Arbeitszeit vom April 1945 (174 Stunden) zu Grunde gelegt. Die Sozialbeiträge werden wie bisher abgezogen; sollte hierfür eine andere Regelung angeordnet werden (wie z. B. bei den jetzt ruhenden Mieten), so werden die abgerechneten Beträge später verrechnet. Das April-Gehalt ist mit der im November 1943 erfolgten Auszahlung eines Netto-Gehaltes (Brustbeutel-Geldes)[8] abgegolten; es wird in den meisten Fällen damals ein höherer Betrag gezahlt worden sein, als bei der verkürzten Arbeitszeit im April (174 Stunden) errechnet würde, jedoch gilt dies als erledigt.[9]

Und tatsächlich wurde der Umlauf am 28. Mai 1945 ergänzt: „Infolge der neuen Anordnungen der Finanzbehörde zahlen wir – vorbehaltlich weiterer anderer Anordnungen – nur die ungefähre Hälfte des Mai-Gehaltes aus. (Netto-Gehalt)"[10]

Wie wenig die Legende von der angeblichen „Stunde Null", derzufolge mit der Kapitulation des NS-Staats der ökonomische und gesellschaftliche Zusammenbruch und daran anschließend ein völliger Neubeginn einhergegangen sei, auch auf den Verlag Walter de Gruyter zutraf, machte der Schlussappell dieses Umlaufs zwei Wochen nach Kriegsende deutlich: „Jeder von uns muss nun nach besten Kräften am Wiederaufbau des Verlages mit-

---

[7] Umlauf, 24.5.1945, Stabi Dep. 42,521.

[8] Am 2. Februar 1945 hatte Herbert Cram angeordnet, allen Mitarbeitern der Leipziger Zweigstelle sofort ein Netto-Monatsgehalt bzw. den Wochenlohn-Empfängern zwei Wochenlöhne auszuzahlen, den diese ständig im Brustbeutel bei sich tragen mussten und nur verwenden durften, wenn sich die Gehaltszahlung „nach Fliegerangriffen oder sonstiger Feindeinwirkung" um mehr als acht Tage verzögerte. Herbert Cram an Herrn Tänzer, 2.2.1945, Stabi Dep. 42,213 (3). Offenbar waren für die Berliner Verlagsmitarbeiter bereits im November 1943 ähnliche Vorkehrungen getroffen worden.

[9] Umlauf, 24.5.1945, Stabi Dep. 42,521.

[10] Ergänzung zum Umlauf vom 24.5.1945, Stabi Dep. 42,521.

U m l a u f .

Unser Verlag hat am 14.5.1945 die behördliche Erlaubnis zur Weiterarbeit erhalten.

Wir müssen nun mit allen Kräften versuchen, die angerichteten Zerstörungen recht bald zu beseitigen und dann die Arbeit wieder aufzunehmen. Es wird zunächst unmöglich sein, Handwerker zu bekommen; wir müssen daher zur Selbsthilfe greifen und jede Abteilung muss versuchen, ihre Räume einigermassen in Ordnung zu bringen.

Bis zur Wiederaufnahme regelmässiger Fahrverbindungen wollen wir jeden 2. Tag herkommen und zwar jeweils Montag, Mittwoch und Freitag die Arbeitszeit soll vorerst von 9 - 15 Uhr sein. Wir wollen versuchen, die Werkküche (Frau Mackuth) so schnell wie möglich wieder in Gang zu bekommen, doch sind hierzu viele behördliche Genehmigungen notwendig.

Sofern keine anderweitigen behördlichen Anordnungen erfolgen, soll am 30.5. das Gehalt für Mai 1945 gezahlt werden. Der Berechnung wird die verkürzte Arbeitszeit vom April 1945 (174 Stunden) zu Grunde gelegt. Die Sozialbeiträge werden wie bisher abgezogen; sollte hierfür eine andere Regelung angeordnet werden (wie z.B. bei den jetzt ruhenden Mieten), so werden die abgerechneten Beträge später verrechnet. Das April-Gehalt ist mit der im November 1943 erfolgten Auszahlung eines Netto-Gehaltes (Brustbeutel-Geld) abgegolten; es wird in den meisten Fällen damals ein höherer Betrag gezahlt worden sein, als bei der verkürzten Arbeitszeit im April (174 Stunden) errechnet würde, jedoch gilt dies als erledigt.

Jeder von uns muss nun nach besten Kräften am Wiederaufbau des Verlages mitarbeiten, damit wir Herrn Cram bei seiner hoffentlich recht baldigen Rückkehr den in Betrieb befindlichen Verlag vorweisen können.

Berlin, d.24.5.1945   *Walter de Gruyter & Co.*

Infolge der neuen Anordnungen der Finanzbehörde zahlen wir
- vorbehaltlich weiterer Anordnungen ‑ nur die ungefähre
Hälfte des Mai-Gehaltes aus. (Netto-Gehalt)

Berlin, d.28.5.1945   *Walter de Gruyter & Co.*

Umlauf, 24.5.1945, Stabi Dep. 42,521

arbeiten, damit wir Herrn Cram bei seiner hoffentlich recht baldigen Rückkehr den in Betrieb befindlichen Verlag vorweisen können."[11] Von Ende Mai
an wurden im Erdgeschoss des Verlagsgebäudes Bücher aus dem Berliner
Lager ausgestellt und verkauft. Diese Barverkäufe waren existenzsichernd.[12]
Auch die wöchentlichen Verlagskonferenzen fanden vom 30. Mai 1945 an
wieder statt. Daraus wird ersichtlich, dass der junge Kurt-Georg Cram, den
die Kommanditisten am 26. Mai bis zur Rückkehr seines Vaters als Betriebs-
chef eingesetzt hatten,[13] die gleiche Strategie wie Herbert Cram verfolgte.
Keinerlei Zweifel am Fortbestand des Unternehmens, vielmehr ein Bemühen
um Kontinuität, die Intention, begonnene Projekte und die traditionsreichen
Zeitschriften fortzusetzen, sowie ein verantwortliches Handeln im Sinne
der Mitarbeiterinnen und Mitarbeiter sind aus den Protokollen ersichtlich.
Bereits in dieser ersten Sitzung nach dem Krieg wurde beschlossen, dass
nun die Arbeitszeit neu festgesetzt werden solle, da „die Gefolgschaft [...]
beschäftigt werden muß".[14] Außerdem listet das Protokoll 24 Titel auf, die die
Druckerei fertigstellen oder neuauflegen sollte.[15] Offenbar hatte Kurt-Georg
Cram – wie auch sein Vater in den folgenden schwierigen Monaten und
Jahren – keine Zweifel an der Richtigkeit einer Verlagspolitik des „Weiter so".

---

[11] Umlauf, 24.5.1945, Stabi Dep. 42,521.
[12] Ziesak, Der Verlag Walter de Gruyter, S. 258.
[13] Tagebuch Clara Cram, Eintrag vom 25.4.1945, Privatbesitz.
[14] Protokoll der Verlagskonferenz am 30.5.1945, Stabi Dep. 42,507.
[15] Ebenda.

Verlegen unter Besatzungsherrschaft

Rasch aber wurde deutlich, dass die vier Besatzungsmächte diese Strategie nicht tolerieren würden. Druckerzeugnisse jeglicher Art fielen unter eine strenge Kontrolle, weil ihnen eine zentrale Funktion bei der politischen „Reeducation" des deutschen Volkes zugedacht war. Das galt sowohl für die Inhalte als auch für deren Verleger. Obwohl nach dem Gesetz Nr. 191 vom 12. Mai 1945, das Herstellung, Vertrieb und Verkauf von sämtlichen Druckerzeugnissen generell untersagt hatte, unterschiedliche Direktiven in den einzelnen Besatzungszonen bzw. -sektoren in Berlin erlassen wurden, ging es im Wesentlichen um die Aussonderung militaristischer und nationalsozialistischer Bücher, die Einführung eines Lizenzsystems sowie Zensurmaßnahmen.

Bereits am 25. Juli 1945 hatte der Verlag eine 119 Seiten umfassende Lagerbestandsaufnahme zusammengestellt, in der – noch ohne konkrete Vorgaben vonseiten der Besatzungsmächte – einzelne Titel mit einem roten Kreuzchen für „unwürdig" oder einem blauen Kreuzchen für „fraglich" gekennzeichnet waren. Mit einem blauen Kreuz versehen war etwa das „Deutsche Beamtenrecht" von Max Nadler und Hermann Wittland, das in den 1930er-Jahren in Stilkes Rechtsbibliothek erschienen war. Als „unwürdig" (rot) wurde z. B. Sergio Panunzios „Allgemeine Theorie des faschistischen Staates" aus dem Jahr 1934 eingestuft.[1]

Als erster wissenschaftlicher Verleger in Berlin erhielt Herbert Cram am 3. Oktober 1945 von der britischen Militärregierung die allgemeine Verlagslizenz für die Firmen Walter de Gruyter & Co., A. Marcus & E. Webers, J. Schweitzer, Die Therapeutische Registratur und Alfred Töpelmann.[2] Die Lizenz wurde am 23. April 1946 auf Friederichsen, de Gruyter & Co., Hamburg, ausgedehnt.

---

[1] Lagerbestandsaufnahme am 25.7.1945, Stabi Dep. 42,575 (3).

[2] Herbert Cram, Geschäftsbericht über die Geschäftsjahre 1944–1947, 4.4.1950, Stabi Dep. 42,399. Der Springer-Verlag erhielt seine Lizenz von der britischen Militärregierung am 25.10.1945, allerdings nur für Bücher. Zeitschriften wurden nur einzeln genehmigt. Heinz Götze, Der Springer-Verlag. Stationen seiner Geschichte. Teil II: 1945–1992, Berlin/Heidelberg 1994, S. 4.

Die erste von 119 Seiten der Lagerbestandsaufnahme am 25.7.1945,
Stabi Dep. 42,575 (3)

Die lizensierten Verlage hatten der Kulturabteilung der Militärregierung monatlich einen Bericht vorzulegen, in dem alle erschienenen Titel bzw. solche, die im Satz, im Druck oder beim Buchbinder waren, aufgelistet wurden. Zusätzlich musste die verbrauchte Menge Papier genannt werden.[3] Herbert Cram reichte den ersten dieser Berichte am 25. Februar 1946 ein. Seit der Lizenzerteilung im Oktober 1945 war noch kein Buch erschienen und somit auch noch kein Papier verbraucht werden. In Planung befanden sich zu diesem Zeitpunkt fünf Neuauflagen von eingeführten Bändchen der Sammlung Göschen:

Band 929: Alfred Schirmer/Walther Mitzka, Deutsche Wortkunde. Kulturgeschichte des deutschen Wortschatzes, 2. Auflage, Auflagehöhe 6000 Exemplare

Band 972: Konrad Herter, Vergleichende Physiologie der Tiere, Band 1, 2. Auflage, Auflagehöhe 6000 Exemplare

Band 1057: Walther Adolf Roth, Thermochemie, 2. Auflage, Auflagehöhe 6000 Exemplare

Band 796: Friedrich Niethammer, Schaltanlagen in elektrischen Betrieben I. Allgemeines, Schaltpläne, einfache Schalttafeln, 3. Auflage, Auflagehöhe 6000 Exemplare

Band 797: Friedrich Niethammer, Schaltanlagen in elektrischen Betrieben II. Schaltanlagen für Höhenmessungen und große Leistungen, Schaltkästen Schutzvorrichtungen, 3. Auflage, Auflagehöhe 6000 Exemplare

Ferner bereitete De Gruyter im Februar 1946 folgende Publikationen vor:

Dr. Else Koffka, Rechtsanwältin, und Prof. Dr. Eduard Kohlrausch, Neue Rechtskartei. Gesetze und Verordnungen des Berliner Magistrats und der alliierten Militärregierungen, Auflagehöhe 3000 Exemplare

Nicolai Hartmann, Philosophie der Natur. Abriß der speziellen Kategorienlehre (Ontologie Band 4), Auflagehöhe 4000 Exemplare

Robert Heiss, Die Lehre vom Charakter, Auflagehöhe 2000 Exemplare

Islam. 27. Band, Heft 3, Auflagehöhe 400 Exemplare[4]

---

[3] Berichte von Walter de Gruyter an die Information Services Branch, Cultural Relations Section (Books), HQ Military Government, Stabi Dep. 42,418.

[4] Stabi Dep. 42,418.

Entnazifizierung

Bereits im Februar 1945 hatte das Kommuniqué der Konferenz von Jalta festgehalten, es sei der „unbeugsame Wille" der Regierungschefs von Großbritannien, der USA und der Sowjetunion, „die Nazi-Partei [...] vom Erdboden zu tilgen".[1] Im Protokoll der Potsdamer Konferenz vom 17. Juli bis 2. August 1945 hieß es konkret: „Alle Mitglieder der nazistischen Partei, welche mehr als nominell an ihrer Tätigkeit teilgenommen haben, [...] sind aus den öffentlichen oder halböffentlichen Ämtern und von den verantwortlichen Posten in wichtigen Privatunternehmungen zu entfernen."[2] Da etwa 8,5 Millionen Deutsche Mitglied der NSDAP gewesen waren, gestaltete sich die Umsetzung der diesbezüglich in Kraft gesetzten Direktiven jedoch schwierig.

Herbert Cram selbst war der NSDAP nie beigetreten, anders jedoch Wolf Meinhard von Staa, promovierter Jurist und seit 1. September 1939 neben Cram persönlich haftender Gesellschafter im Verlag Walter de Gruyter. Einer Aktennotiz Herbert Crams vom 5. November 1945 ist zu entnehmen, dass er es für „offensichtlich notwendig hielt", dass von Staa als persönlich haftender Gesellschafter aus der Geschäftsführung ausschied – „sei es durch persönliche Kündigung, sei es durch Gesellschafterbeschluss". Ein Ruhen seiner Geschäftsführertätigkeit schien ihm nicht ausreichend, er billigte von Staa aber zu, beim Oberbürgermeister einen Antrag auf Ausnahmebewilligung zu stellen, „dass er wieder in seiner leitenden Stellung des Buchhandels tätig sein kann".[3]

Die Direktiven zum Ausschluss oder zur Degradierung von ehemaligen Parteimitgliedern in Leitungspositionen befolgte Herbert Cram als Verlagschef formal genau, weil er andernfalls einen Konflikt mit den Aufsichtsbehörden fürchtete. Neben Wolf Meinhard von Staa betraf dies im Herbst 1945 den Prokuristen Ludwig Bohrmann, den Leiter der Abteilung Veit Hanns Sell, den Lektor Ulrich Hellmann und die Herstellerin Margarete

---

[1] Zit. nach: Alexander Fischer (Hrsg.), Teheran, Jalta, Potsdam. Die sowjetischen Protokolle von den Kriegskonferenzen der „Großen Drei", Köln ³1985, S. 184 f.

[2] Zit. nach: Wolfgang Benz, Potsdam 1945. Besatzungsherrschaft und Neuaufbau im Vier-Zonen-Deutschland, München 1986, S. 212 f.

[3] Aktennotiz Herbert Cram, 5.11.1945, Stabi Dep. 42,520.

Kailuweit. Cram ordnete im November 1945 an, Bohrmann, der seit 1. Mai
1932 Parteimitglied gewesen war, die Zeichnungsvollmacht zu entziehen und
„seine Tätigkeit auf Führung der Kasse und rein buchhalterische Arbeiten"
zu beschränken. Sell, Parteimitglied seit 1. Mai 1933, sollte nur noch als „rein
technischer Hersteller" tätig werden. Hellmann, der 1941 der NSDAP beigetreten war, sollte lediglich mit der „Ausführung einzelner Anweisungen,
Korrekturlesen und Vorbereitung der Manuskripte für die sachliche Nach-
prüfung durch den Abteilungsleiter" beschäftigt werden, und auch Kailu-
weits Tätigkeit war „ausschließlich auf rein rechnerische Herstellungs-
arbeiten zu begrenzen".[4]

Herbert Cram war aber durchaus bereit, Wolf Meinhard von Staa einen
sogenannten Persilschein auszustellen, um ihn in seinem Entnazifizierungsverfahren zu unterstützen. Die Beweislast oblag in diesen Fällen nämlich den
ehemaligen Parteimitgliedern, die um ihre Wiedereinstellung oder Erlangung
früherer Positionen kämpften. Weit verbreitet war in diesem Zusammenhang
das Beibringen von „Persilscheinen", in denen Freunde, Bekannte, Kollegen,
Pfarrer u. v. m. bezeugten, der Betroffene sei allenfalls nominelles Parteimitglied gewesen und habe sich nichts zuschulden kommen lassen. So ver-
sicherte Herbert Cram in seinem „Persilschein" für Wolf Meinhard von Staa:

> „Er hat in allen diesen Jahren nie auch nur den Versuch gemacht, Nazigeist in den
> Verlag hineinzutragen, sondern hat im Gegenteil alle unsere Mitarbeiter, Autoren
> und alle unsre Maßnahmen, die den Nazibestimmungen nicht entsprachen, gedeckt,
> selbst veranlaßt oder mitverantwortet. Seiner antifaschistischen Einstellung hat Dr.
> von Staa in vertrautem Gespräch wie in größerem Kreise, z. B. in den wöchentlichen
> Verlagskonferenzen, oft genug offen Ausdruck gegeben."[5]

Wie in vielen anderen Fällen auch ging Crams Loyalität jedoch nur bis zu
dem Punkt, an dem Verlagsinteressen betroffen waren. Er war folglich nicht
bereit, von Staa vor dessen Entnazifizierung im Verlag tätig werden zu lassen.
Am 31. Mai 1946 hielt er in einer Aktennotiz fest:

> Heute war Herr Dr. v. Staa bei mir und sagte, daß er von jetzt ab täglich kommen
> wolle, damit er bei einer evtl. Kontrolle durch das Ernährungsamt keine Schwierigkeit
> mit der Zuteilung der Angestelltenkarte habe, da diese nur bei Vollarbeit ausgegeben
> wird. Ich sagte Dr. v. Staa, daß ich das nicht anerkennen könne. Seine Anwesenheit
> im Verlag dürfe sich nur auf die Erledigung privater Dinge beziehen, da er laut An-
> ordnung der engl. Militärbehörde bis zum Entscheid über seine Entnazifizierung
> nicht tätig sein darf. Ich habe Dr. v. Staa gebeten sich streng an die Vorschriften der
> Militärbehörde zu halten, damit von dortaus keinerlei Beanstandungen kommen, die
> unsere Arbeit in irgendeiner Form gefährden können. Dr. v. Staa hatte es so ausgelegt,

---

[4] Ebenda.
[5] Eidesstattliche Erklärung von Herbert Cram, Stabi Dep. 42,223 (1).

Eidesstattliche Versicherung.

Hierdurch versichere ich an Eidesstatt, dass die Angaben
in dem Lebenslauf des Herrn Dr.von Staa, die sich auf den Verlag
alter de Gruyter & Co. beziehen, richtig sind.
Ich bin Direktor des Verlages, dem ich seit 2.1.1908 angehöre,
und habe vom Eintritt des Herrn von Staa an bis jetzt täglich
mit ihm zusammengearbeitet. Er hat in allen diesen Jahren nie
auch nur den Versuch gemacht, Nazigeist in den Verlag hineinzu-
tragen, sondern hat im Gegenteil alle unsere Mitarbeiter,Autoren
und alle unsre Massnahmen, die den Nazibestimmungen nicht entsprachen, gedeckt,selbst veranlasst oder mitverantwortet. Seiner
antifaschistischen Einstellung hat Dr. von Staa in vertrautem
Gespräch wie in grösserem Kreise, z.B. in den wöchentlichen
Verlagskonferenzen, oft genug offen Ausdruck gegeben. Ich könnte
auch noch eine Reihe weiterer Fälle anführen, die in dem Lebenslauf nicht erwähnt sind; so hat Herr von Staa das Verbleiben
einer Halbjüdin als Sekretärin im Verlag mitgedeckt, ferner
uns den Halbjuden Dr.Hackel als Autor zugeführt u.a.m. .

„Persilschein" Herbert Crams für Meinhard von Staa, Stabi Dep. 42,223 (1) daß er zwar nach außenhin nicht tätig sein dürfte, aber innerhalb des Verlages wirken könne, dieser Ansicht bin ich energisch entgegengetreten.[6]

Cram ließ die ehemaligen Parteimitglieder – im Unterschied zu vielen jüdischen Autoren nach der NS-Machtübernahme – zwar nicht fallen, sondern bemühte sich vielmehr, die Gesetze und Direktiven zur Entnazifizierung zu deren Gunsten auszulegen und ihre Tätigkeit im Verlag dementsprechend anzupassen. Aber es war ihm klar, dass es den Besatzungsmächten mit der Entnazifizierung ernst war und er die Anordnungen zu befolgen hatte, wenn er kein unkalkulierbares Risiko eingehen wollte. Dementsprechend gründlich bereitete er seine Argumentation vor. Unter dem Gesichtspunkt, „dass die gesamte Anordnung anzuwenden ist lediglich auf Personen in irgendeiner beaufsichtigenden oder leitenden Stellung, oder einer solchen, die Aufsicht über Personal mit sich bringt" und „weitere Voraussetzungen sind, dass sie Mitglieder der NSDAP waren, die mehr als nominell an der Tätigkeit der NSDAP teilgenommen haben oder dem Vorhaben der Alliierten feindlich gegenüberstehen", waren die oben genannten Verlagsmitarbeiter im März 1946 „einer näheren Prüfung unterzogen" worden.

Dr. Hanns Sell, 1892 geboren, war bis September 1944, als er zur Polizei eingezogen wurde, Leiter der Abteilung Veit gewesen. Nach seiner Rückkehr aus der Gefangenschaft im Sommer 1945 wurde ihm die Prokura entzogen, und er war lediglich als freier wissenschaftlicher Mitarbeiter ohne festes Gehalt für den Verlag tätig. Im Falle des 1879 geborenen Dr. Ludwig Bohrmann wurde anders argumentiert: Er sei bei seinem Eintritt in den Verlag im Mai 1938 als Verwaltungsleiter vorgesehen gewesen, es habe sich aber rasch gezeigt, „dass er sich für einen leitenden Posten nicht eignete". Formell sei ihm zwar im Dezember 1943 Prokura verliehen worden, er habe sie aber „tatsächlich in keiner Weise ausgeübt". Nach dem Kriegsende sei ihm die Handlungsvollmacht wieder entzogen worden, er bearbeite seither „die Kasse und die Umsatzsteuer-Buchführung" und übe keinerlei „Einfluss auf Personal oder die Geschäftsführung" aus. Letzteres galt auch für Margarete Kailuweit, die nun als „einfache Herstellerin" in der Abteilung Trübner eingesetzt sei. Dr. Ulrich Hellmann wurde – wie Hanns Sell – seit Mai 1945 lediglich als freier wissenschaftlicher Mitarbeiter „im losen Anstellungsverhältnis" bei De Gruyter beschäftigt.[7]

Das Ergebnis dieser verlagsinternen Untersuchung im Frühjahr 1946 war, dass die betroffenen Personen – abgesehen von Wolf Meinhard von Staa – nicht gemeldet werden mussten. Aus der an Deutlichkeit nichts zu wünschen

---

[6] Aktennotiz Herbert Cram, 31.5.1946, Stabi Dep. 42,418.
[7] Aktennotiz zu den Entnazifizierungsanordnungen von Herbert Cram, 11.3.1946, Stabi Dep. 42,520.

übrig lassenden Klarstellung von Herbert Cram, keinesfalls zu erlauben, dass von Staa seine Geschäftsführertätigkeit mehr oder weniger in früherem Umfang wiederaufnahm, bevor die Frage seiner Entnazifizierung endgültig geklärt war, lässt sich vermuten, dass diese Degradierung für die betroffenen Mitarbeiter im Verlagsalltag ebenfalls durchgesetzt wurde. Von Staa konnte nach seiner Entnazifizierung am 3. Juli 1947 seine Funktion als Geschäftsführer wieder aufnehmen.[8]

Die Quellen geben interessanterweise keinen Hinweis darauf, dass „Arisierungen" von Verlagen in der NS-Zeit im Entnazifizierungsprozess eine Rolle gespielt hätten. Was im Falle De Gruyter noch damit erklärt werden könnte, dass Herbert Cram kein NSDAP-Mitglied war, trifft z. B. für den Verlag C. H. Beck nicht zu. Heinrich Beck war Parteimitglied gewesen, aber auch in diesem Fall hatte die Firmenübernahme des jüdischen Verlegers Otto Liebmann keinen Einfluss auf den Entnazifizierungsprozess.[9]

---

[8] Geschäftsbericht über die Geschäftsjahre 1944–1947, Stabi Dep. 42,425.
[9] Vgl. Rebenich, C. H. Beck, S. 435. Zur Übernahme des Liebmann-Verlags vgl. Königseder, Walter de Gruyter, S. 116 f.

Zensurmaßnahmen

Einen Tag nach Lizenzerteilung, am 4. Oktober 1945, informierte der Magistrat der Stadt Berlin den Verlag, er habe die eingereichte Liste von auf Lager befindlichen Büchern, die der Verlag zum Verkauf bringen wollte, im Einzelnen überprüft und der größte Teil der Bücher werde freigegeben. Als ungeeignet stufte die für das gesamte Berliner Verlagswesen zuständige Abteilung für Volksbildung ein: Heinrich Döpp-Vorwald, Erziehungswissenschaft und Philosophie der Erziehung (Begründung: „Das Buch ist von einem jüngeren ganz in nationalsozialistischen Gedankengängen aufgewachsenen Gelehrten verfaßt.");[1] Egon Freiherr von Eickstedts 1944 erschienene Rassendynamik in Ostasien (Begründung: „Bei aller Anerkennung der sachlich einwandfreien Behandlung von Rassenproblemen ist im Augenblick der Vertrieb jedes Werkes, das sich mit der Rassenfrage beschäftigt, unzweckmäßig.");[2] Gustav Adolf Anrich, Das Elsaß. Ein Buch von seiner Geschichte, Art und Kunst, Probleme des deutschen Wirtschaftslebens (Begründung: „Zur Zeit ist keinerlei Literatur über die Grenzländer, auf die deutsche Ansprüche erhoben werden, zulässig. Es kommt hinzu, daß Prof. Anrich[3] als starker Förderer der nationalsozialistischen Geschichtsauffassung [...] hervorgetreten ist."); Rudolf Ramm, Ärztliche Rechts- und

---

[1] Der 1902 geborene Erziehungswissenschaftler Heinrich Döpp-Vorwald war 1933 in die NSDAP und die SA eingetreten. Im Entnazifizierungsverfahren als „Mitläufer" eingestuft, konnte er seine Lehrtätigkeit 1949 an der Universität Münster wieder aufnehmen. Vgl. Robert Döpp, Jenaplan-Pädagogik. Ein Beitrag zum Ende der Eindeutigkeit, Münster 2003, S. 212 ff.

[2] Egon Freiherr von Eickstedt (1892–1965) war einer der führenden NS-Rassentheoretiker. Für das Reichssippenamt erstellte er „Rassegutachten", die der Kategorisierung von Menschen als „Juden", „Halbjuden" oder „Vierteljuden" dienten. Vgl. Till Philip Koltermann, Der Untergang des Dritten Reiches im Spiegel der deutsch-japanischen Kulturbegegnung 1933–1945, Wiesbaden 2009, S. 31; Alexandra Przyrembel, „Rassenschande". Reinheitsmythos und Vernichtungslegitimation im Nationalsozialismus, Göttingen 2003, S. 120 f.

[3] Vermutlich verwechselte der Berliner Magistrat hier allerdings den Vater Gustav Anrich, einen Kirchengeschichtler, der den Band über das Elsass bereits 1918 verfasst hatte und vor dem Machtantritt der Nationalsozialisten verstorben war, mit seinem Sohn Ernst Anrich, der 1941 als Dekan der Philosophischen Fakultät an die neu gegründete Reichs-

Standeskunde. Der Arzt als Gesundheitserzieher (Begründung: „Das Buch widerspricht in seiner Grundhaltung den heute als gültig aufgestellten Forderungen ärztlicher Tätigkeit.");[4] Schriften der Akademie für deutsches Recht (Begründung: „Die Akademie für deutsches Recht ist durch die Militärregierung aufgelöst worden. Der Herausgeber ist Dr. Hans Frank. Erschwerend kommen die Themata der Einzelschriften und die Behandlung der Stoffe hinzu."); Alexander v. Tobien, Livländische Ritterschaft (Begründung: „Auch auf dieses Buch trifft zunächst der Grundsatz zu, daß alle Werke, die sich mit dem Deutschtum außerhalb der Reichsgrenzen von 1937 befassen – ganz gleich zu welcher Zeit – verschwinden müssen. Bei diesem Buch tritt erschwerend hinzu, daß die Darstellung im zweiten Teil in die Anfänge des Bolschewismus und der Entstehung der UdSSR reicht und, wenn auch in objektiver berichtender Form, wesentliche Kritik an der Entstehung usw. enthält."); die 1924 erschienenen Erinnerungen an Korfu von Wilhelm II. (Begründung: „Alle mit den Hohenzollern, besonders mit Wilhelm II. und dem unter ihm großgezogenen deutschen Imperialismus zusammenhängenden oder im Zusammenhang damit vermuteten Veröffentlichungen müssen zunächst verschwinden."). Die Reichsgesetze und die Publikationen des Schweitzer Verlags sollten „nur an wissenschaftliche Bibliotheken, Amtsgerichte, Notare, Rechtsanwälte und ähnliche amtliche Dienststellen und Personen" ausgegeben werden. Die Bände der Sammlung Göschen sowie die Bücher des auf Theologie spezialisierten Töpelmann-Verlags wurden als „unbedenklich" eingestuft. Das Schreiben wies aber ausdrücklich darauf hin, dass De Gruyter vor dem Verkauf der Bücher verpflichtet war, die dafür erforderliche Genehmigung der britischen Militärregierung einzuholen.[5]

---

universität Straßburg berufen worden war. Vgl. Ernst Anrich, in: Wolfgang Benz (Hrsg.), Handbuch des Antisemitismus. Judenfeindschaft in Geschichte und Gegenwart. Bd. 2/1: Personen, Berlin 2009, S. 23 ff.

[4] Das von Rudolf Ramm, dem Beauftragten für das ärztliche Fortbildungswesen und Lehrbeauftragten an der Berliner Universität, verfasste Werk erschien erstmals 1942 im Verlag Walter de Gruyter, der sich damit weit von seinen wissenschaftlichen Qualitätsstandards entfernte. Die Ärztliche Rechts- und Standeskunde war seit 1939 als Pflichtvorlesung der höheren Semester in das Medizinstudium integriert und der Band damit nachgefragt. Bereits 1943 wurde die Schrift mit Ergänzungen neu aufgelegt. Rudolf Ramm war einer der „entscheidenden Protagonisten des medizinethischen Diskurses in der zweiten Hälfte der NS-Herrschaft". Sein Fach – Ärztliche Rechts- und Standeskunde – eignete sich „in besonderer Weise zur Vermittlung nationalsozialistischer Ideologie und Moral", lautet das Urteil des Medizinhistorikers Florian Bruns. Eine ausführliche Analyse in: Florian Bruns, Medizinethik im Nationalsozialismus. Entwicklungen und Protagonisten in Berlin (1939–1945), Stuttgart 2009, passim.

[5] Magistrat der Stadt Berlin, Abteilung für Volkskunde – Verlage –, an Verlag Walter de Gruyter & Co., 4.10.1945, Stabi Dep. 42,487. Am 26. November 1945 erhielt der Verlag vom Magistrat eine zweite Aufstellung mit Titeln, die nicht mehr verkauft werden durften.

In deren Auftrag sichtete der deutsch-britische Schriftsteller und Übersetzer Captain Michael Beheim-Schwarzbach das Bücherdepot des Verlags. Aus der Abteilung Reimer sollten im Juli 1946 von den folgenden Werken je fünf Stück in einer Kiste verpackt und „an einer noch zu bestimmenden Stelle aufbewahrt" werden: Handbuch der neuzeitlichen Wehrwissenschaften, Bd. I, II, III,1 und III,2 (1936–1939); H. v. Revelstein, Die Not der Fremdvölker unter dem russischen Joche (1916); Max Rubmann, Hunger! Wirkungen moderner Kriegsmethoden (1919); Theodor Schiemann, Achillesferse Englands (1914); Vorträge und Schriften der Preußischen Akademie der Wissenschaften, Heft 2: Konrad Meyer, Bodenordnung als volkspolitische Aufgabe und Zielsetzung nationalsozialistischen Ordnungswillens (1940); Deutsche Kriegsgefangene in Feindesland: England. Amtliches Material (1919). Alle anderen Exemplare mussten verbrannt werden.[6]

Es ging also keineswegs nur um das Aussortieren dezidiert nationalsozialistischer Schriften, vielmehr nahm Beheim-Schwarzbach den Auftrag der Alliierten, die Entmilitarisierung der deutschen Gesellschaft zu befördern, ernst.

Aber die Festlegung, welche Bücher beanstandet wurden und deshalb nicht mehr vertrieben werden durften bzw. makuliert werden mussten, war nur ein Teil der Aufgabe des Book Censorship Bureau der Information Services Control Branch der britischen Militärregierung. Bis Februar 1947 unterlagen alle Druckerzeugnisse im britischen Stadtsektor der Vorzensur.[7] Dass dieses Recht auch durchgesetzt wurde, zeigt der Antrag des Verlags vom 2. August 1946, das Buch von Max von Schirach „Geschichte der Familie v. Schirach" zu publizieren. Das Book Censorship Bureau zeigte sich erstaunt über dieses Ansinnen und begründete seine Ablehnung folgendermaßen:

Es befremdet uns, dass Sie dieses Buch eingereicht haben. Abgesehen davon, dass überhaupt keinerlei Anlass besteht, die Familiengeschichte eines Mannes, der heute wegen ungeheuerlicher Verbrechen vor dem Internationalen Gerichtshof steht, zu verewigen: abgesehen auch davon, dass das Buch voll von deutschem Militarismus steckt, enthält es obendrein begeisterte Hinweise auf das Dritte Reich und den „Führer" Adolf Hitler, die es allein schon völlig untragbar machen. Bei einem Buch, das von solcher Gesinnung erfüllt ist, ist es selbstverständlich zwecklos, die schlimmsten Stellen auszuschwärzen.[8]

Sie war aber nur geringfügig erweitert worden. Die Begründungen waren identisch. Aufstellung der vom Magistrat der Stadt Berlin, Abteilung für Volksbildung, zum Verkauf nicht zugelassenen Bücher, 26.11.1945, Stabi Dep. 42,487.

[6] Abt. Reimer an Abt. Lager, 8.7.1946, Stabi Dep. 42,223 (1).

[7] Vgl. Rudolf Krause, Buch und Buchproduktion in der Viersektorenstadt. Ein Überblick, in: Ursula Heukenkamp (Hrsg.), Unterm Notdach. Nachkriegsliteratur in Berlin 1945–1949, Berlin 1996, S. 129–145.

[8] Book Censorship Bureau, Information Services Control Branch, Zonal Executive

Abt.L a g e r

Nachstehende Werke sind sofort zu verbrennen :

Deutsche Kriegsschriften,Heft 1 - 20

Rubmann,Hunger

Schiemann,Deutschlands und Kaiser Wilhelm II Schuld am Ausbruch des
　　　　　　Weltkrieges

Schiemann,Wie England eine Verständigung mit Deutschland verhinderte.

Schiemann,Russland auf dem Wege zur Revolution

Schiemann,Nach Russland verschleppt

Schiemann,Ein Verleumder

Vorträge und Schriften der Akademie,Heft 2 : Meyer,Bodenordnung

Deutsche Kriegsgefangene in Feindesland : England

Berlin,den 8.Juli 1946　　　　　Abt.R e i m e r

Liste nicht mehr für den Vertrieb zugelassener bzw. für die Makulatur
ausgesonderter Bücher der Abteilung Reimer, 8.7.1946, Stabi Dep. 42,223 (1)

Das Damoklesschwert der Zensur schwebte nach 1945 über allen Publikationsvorhaben. Im September 1946 verfasste Dr. Ulrich Hellmann – wegen seiner früheren Parteimitgliedschaft zunächst bei De Gruyter nur als freier wissenschaftlicher Mitarbeiter unter Vertrag genommen – einen ausführlichen verlagsinternen „Vorläufigen Bericht" über die Schwierigkeiten und Herausforderungen des Verfahrens der britischen Zensurbehörde, der an vielen Stellen exemplarisch für das damals fast trotzig vertretene „Nicht alles Nationalsozialistische war schlecht" steht:

Es ist schwer, sich ein Bild von den Richtlinien zu machen, die für die Britische Zensurbehörde maßgebend sind. Völlig uneinheitlich stehen kategorische Anordnungen neben erklärenden Begründungen zu den Streichungs- oder Abänderungsforderungen und den Vollverboten. Die Gründe dafür muß sich der betreffende Verleger selbst zusammenstellen.

Wie wenig einheitlich verfahren wird, erhellt ein Vergleich ähnlich gelagerter Fälle. Dann zeigt sich, daß eine Streichungsanordnung genügen würde, um den beabsichtigten entpolitisierenden Zweck zu erreichen, während das erlassene Vollverbot die gesamte wissenschaftliche Leistung der Verwertung und der Forschungsarbeit der nächsten Jahre entzieht. Dafür gelten als Beispiel die besonders krassen Fälle:

1). Das Vollverbot der Schrift „Arthur Hübner, Hermann Wirth und die Ura-Linda-Chronik". Hier wird eine ausgezeichnete Abfertigung einer unwissenschaftlichen Hypothese zum Verstummen gebracht, nur weil in einer persönlich gehaltenen Nachschrift von einer Seite Umfang, die ohne weiteres entfernt werden könnte, der Verfasser sich als ein entschiedener Konservativer und Gegner der Weimarer Republik erklärt.

2). Das Vollverbot von „Friedrich Maurer und Fritz Stroh, Deutsche Wortgeschichte, Band II", weil unter dem zusammenfassenden Titel „Aufstieg des Volkes (1885–1891)" auch die gesamten Worte, die seit 1933 im deutschen Sprachgebrauch sich einbürgerten, wissenschaftlich zusammengestellt sind. Auch hier hätte, wenn man ausgesprochene Parteiausdrücke entfernen wollte, die Fortlassung eines Viertelbogens, also von 4 Seiten, bei einem Gesamtumfang von 480 Seiten den gewünschten Zweck erreicht.

3). Das Vollverbot von „Otto Kämper, Wohnungswirtschaft und Grundkredit mit besonderer Betrachtung des nachstelligen Grundkredits im In- und Auslande". Hier handelt es sich um eine erste Zusammenstellung deutschen und ausländischen Materials in einer noch nie erreichten Vollständigkeit. Die starke aktive Mitarbeit Englands, Frankreichs, der Vereinigten Staaten von Amerika sowie aller anderen europäischen Länder beweist die internationale Einschätzung der Objektivität des Bearbeiters. Da aber das Vorwort vom 10. April 1938 datiert ist, bringt dieses eine Erwähnung der Eingliederung Österreichs in das Deutsche Reich, obwohl wohlgemerkt das gesamte statistische Material Österreichs gesondert behandelt worden ist.

Offices, Control Commission for Germany (British Element) an Walter de Gruyter, 2.8.1946, Stabi Dep. 42,223 (1).

Als Gegenbeispiel einer vernünftigen Handhabung diene die Anordnung, von der betroffen wurde: „Minerva-Handbücher, III. Abteilung: Die deutschen Museen, Band 2: Die Museen in Nordwestdeutschland". Hier begnügt sich der Zensor mit der Anordnung, das Vorwort des Herausgebers zu entfernen, weil es folgendermaßen anfängt: „Die tiefgreifende Umwertung der Begriffe Volk und Geschichte durch den Nationalsozialismus hat auch dem Heimatmuseum als örtlicher Bildungs- und Erziehungsstätte eine gesteigerte Bedeutung verliehen". So bleibt aber wenigstens das gesamte wertvolle Material des Buches selbst der Wissenschaft und den Benutzern erhalten.

Offensichtliche Verkennung der wissenschaftlichen Haltung der Bücher unterläuft häufig. Dabei muß festgestellt werden, daß reine Äußerlichkeiten, wie „Auf Anordnung des Führers" oder „Im Dritten Reich" Anstoß erregen, obwohl diese Bemerkungen keinerlei Einfluß auf die geistige Haltung des Verfassers haben. Zu anderen Zeiten hätte es geheißen: „Unter der Regierung des Kaisers" oder es wäre eine ähnliche Floskel benutzt worden. Auch für die Behandlung dieser Frage diene wiederum ein krasser und ein vernünftiger Fall zum Beweis:

1). Der authentische Bericht über den 6. internationalen Kongress der Archäologen in Berlin vom 21.–26. August 1939 wird vollständig verboten, weil nicht nur sämtliche Teilnehmer verzeichnet sind, unter denen sich auch führende Nationalsozialisten befinden, sondern hauptsächlich deshalb, weil mit philologischer Akribie (nota bene: in jeder Originalsprache, also auch englisch, französisch und italienisch) die Begrüßungsansprachen der Deutschen und der Vertreter auswärtiger Regierungen wiedergegeben werden. Um dieser Hundert Seiten halber bei einem Gesamtumfang von 670 Textseiten und 76 Bildertafeln soll die wissenschaftliche Arbeit fast aller international führenden Persönlichkeiten eingestampft werden.

2). Bei dem „Hundertsten Winckelmann-Programm der Archäologischen Gesellschaft 1940" begnügt sich der Zensor mit der Anordnung, folgende Textworte zu tilgen: „Die vom Führer angeordneten neuen Grabungen von Olympia und von Carnuntum sind die leuchtenden Fanale für die Eroberung der ewigen von den stammverwandten Völkern der Antike geschaffenen Werte durch ein neues Deutschland."

Bedenklich wird diese etwas sehr äußerliche Einstellung, wenn die nähere Kenntnis der geistigen Machtkämpfe unter dem Nationalsozialismus fehlt und alles als propagandistisch angesehen wird, was Einrichtungen und Schöpfungen des Dritten Reiches – sei es auch noch so kritisch – darstellt. So liegt z. B. eine schwere Verkennung bei dem Buche „Friedrich Pfister, Deutsches Volkstum in Glauben und Aberglauben" vor, dem vorgeworfen wird, „Propaganda für deutsche Religion und Mythologie entsprechen den Richtlinien von Rosenberg. Es ist nicht objektiv wissenschaftlich und daher bei der gegenwärtigen Neigung zu Nazigedanken für deutsche Leser ungeeignet".

Dieses Buch wurde jedoch vom Amt Rosenberg aufs schärfste abgelehnt, weil es den Gedankengängen des „Beauftragten für die weltanschauliche Ausrichtung der NSDAP." nicht entsprach.

Versucht man nun, sich aus dem bisher vorliegenden Material die Gründe der Anordnungen verständlich zu machen, kommt man zu etwa folgendem Ergebnis:

1). **Völlig einleuchtend:**

a). nationalsozialistisch-propagandistisch:
als Beispiel hierfür diene:

Das Nachwort zu „Arthur Hübner, Ura-Linda-Chronik".

b). tatsächlich falsche Darstellungen:
als Beispiel hierfür diene:

„Erich Schinnerer, Schutz von Staat und Volk im englischen Recht", das Parallelen zwischen deutschen und englischen Gesetzen konstruiert, obwohl die Verhältnisse in England (Schutz gegen übermäßige Einwanderung) und in Deutschland (Erhaltung des Volkstums) auf ganz verschiedenen Ebenen ruhen. Außerdem stellt der Verfasser das englische Gesetz gegen die jüdische Einwanderung als in Kraft befindlich hin, während es nach englischer Behauptung in Wirklichkeit nur im Parlament verhandelt, aber nicht in Kraft getreten ist.

2). **Erklärbar:**

a). Darstellung der Verhältnisse unter dem Nationalsozialismus:
Als Beispiel diene:

Die Bände der Reihe „Deutsches Volkstum", von denen „Hans Moser und Raimund Zoder, Deutsches Volkstum in Volksschauspiel und Volkstanz" vielfach Bezug nimmt auf das Dritte Reich, nationalsozialistische Bewegung, nationalsozialistische Kampfzeit und auf großdeutsche Volksgruppen in Böhmen und anderen Ländern. Auch der Band „Adolf Helbok und Heinrich Marzell, Haus und Siedlung im Wandel der Jahrtausende" dringt über die reichsdeutschen Grenzen hinaus und behandelt die Ausdrucksformen völkischer Gemeinschaft im Hausbau und in der Anlage der Siedlungen.

Bei beiden Werken kann die objektive Wissenschaftlichkeit nicht angezweifelt werden.

b). Entwicklung antidemokratischer (militaristischer) Gedanken:
Hierfür diene als Beispiel:

das Verbot zweier Jubiläumsschriften „Bruno Wachsmuth, 25 Jahre Arndt-Gymnasium und Richtersche Stiftung 1908–1932" und die „Festschrift zum 50jährigen Bestehen des Germanischen Seminars der Universität Berlin". Beide behandeln die Haltung der Schüler und Lehrerschaft bzw. der Professoren und Studenten in den kritischen Jahren von 1918–1933.

c). Politische Maßnahmen der Alliierten in Vergangenheit und Gegenwart:
Dafür diene als Beispiel:

das Verbot der Schrift „I. Bumiller, Völkerrechtliche Stellung der fremden Truppen im Saargebiet", erschienen 1928, und „Gerhard Kegel, Hans Tupp und Konrad Zweigert, Die Einwirkung des Krieges auf Verträge in der Rechtsprechung Deutschlands, Frankreichs, Englands und der Vereinigten Staaten von Amerika", erschienen 1941.

Begründung für das Verbot: „Das Buch setzt den deutschen Sieg voraus. Da außerdem die internationalen Beziehungen Deutschlands durch das Potsdamer Abkommen geregelt sind, ist das Buch überflüssig."

3). **Kaum noch verständlich:**

Die Anordnung zum Verschweigen geschichtlicher Tatsachen macht sehr nachdenklich, denn sie stellt einen Verstoß gegen die Objektivität dar. Dazu diene zum Beispiel ein erneuter Hinweis auf die „Deutsche Wortgeschichte" von Maurer und Stroh und die Anordnungen, die getroffen wurden für die „Kleinen Schriften" von Andreas Heusler. Dieser international anerkannte Kenner isländischer Verhältnisse muß es über sich ergehen lassen, daß aus seinem posthumen Werk folgende Stelle aus dem Artikel „Das tausendjährige Island", geschrieben im Jahre 1930, getilgt werden muß:

„Und dann, was von den Menschen droht. Islands Selbstherrlichkeit lebt ja von der Gnade der großen Nächte. Hat es doch keine Heeresmacht, weder zu Lande noch zu Wasser noch in der Luft. Seine selbstverständliche Neutralität ist ungeschützt. Das zeigte sich im Weltkriege. Da legten der englische und der französische Konsul in Reykjavik dem Ministerium Islands ihre Befehle auf. England zwang das Land völkerrechtswidrig zu Handelsverträgen, die einen Verlust von 100 Millionen Kronen für das Völkchen bedeuteten. Frankreich erzwang die Auslieferung der halben isländischen Fischerflotte. Dazu mußte die Hauptstadt Reykjavik ihren Gasdirektor absetzen, weil er ein Deutscher war. Die isländische Regierung stand machtlos da all dieser Ententehumanität gegenüber ...

In friedlichen Zeiten besteht weniger Anreiz für die Mächte, Islands Freiheit anzutasten – es wäre denn, daß die lange, stille Sehnsucht der Isländer in Erfüllung ginge: daß man große Vorkommen von Kohle oder gar Gold auf der Insel entdeckte! Dann fände England – wer möchte es bezweifeln! – seine gottgewollte Aufgabe darin, da zum Rechten zu sehen; wie bei den Diamantfeldern der Boeren. Es ging bei Island so viel leichter – ohne Konzentrationslager. Den Dänenkönig könnte man wohl abfinden für die eine, kleinere seiner Kronen; man brauchte ihm kaum wieder seine Hauptstadt zusammenzuschießen wie im September 1807. Und der Siegertrust, alias Völkerbund, in Genf – hätte Traktanden für eine Sitzung ... Käme aber Island an England, ergössen sich englische Kohlen- und Goldgräber in das Land, auch nur ein Drittel der englischen Arbeitslosen: dann wäre es um das Volkstum der 100 000 Leutchen geschehen. Es würde aufgesogen. Und das wäre schade! .... Als Islandfreunde wollen wir wünschen, daß Island keine Kohlen und kein Gold bei sich entdecke; oder doch nur in so bescheidenen Mengen, daß die Fürsorge der Großen nicht wach werde."

4). **Unverständlich:**

a). Leugnung objektiver Tatsachen:
Dazu diene als Beispiel:

1). das Verbot von „Kürschners Deutschem Literaturkalender". 50. Jubiläumsausgabe 1943, obwohl dieses Buch zur Unterrichtung aller interessierten Kreise des In- und Auslandes unentbehrlich ist;

2). die Streichungsvorschriften in „Gerhart Rodenwaldt, Kunst um Augustus": In dem Satze „Für den Römer der Epoche Mussolinis ist das Verhältnis zur Kunst des Augustus wie zur römischen Kunst kein Problem" müssen die Worte „der Epoche Mussolinis" gestrichen werden. Ganz zu streichen ist aber der nachfolgende Satz:

„Das Reichssportfeld erinnert in seinem Gesamtplan weniger an das Heiligtum von Olympia als an das Forum des Trajan. Das olympische Stadion zu Berlin hat die Gestalt eines römischen Amphitheaters. Die Nürnberger Kongreßhalle stellt Motive des römischen Theaters in den Dienst einer neuen Aufgabe."

Der Zensor vergaß aber zwei Zeilen später die „architektonischen Komplexe wie der Königliche Platz in München" streichen zu lassen.

b). Konstruktion von Beziehungen, die nicht vorhanden sind:

Dazu diene als Beispiel das deutsche Sprachbuch von Franz Josef Niemann in der „Methode Logophon". Der erste Teil dieser Unterrichtsart, die nach einer bebilderten Ganzheitmethode aufgebaut ist, beginnt mit dem Satze: „fahren die Jungen aus, fahren die Mädchen fort, fahren die Kinder weg, nein, die Jungen fahren nicht, nein, die Mädchen fahren nicht" usw.

Darum erhielt der erste Teil den Untertitel „wir fahren, wir fahren". Vermutlich hielt der Zensor dieses Buch für ein Liederbuch für Jugend und Soldaten und glaubte, Anklänge an das England-Lied herauszuhören.

Die urheberrechtlichen Eingriffe, die dem Verleger zur Pflicht gemacht werden, wenn er den Anforderungen der Britischen Militärregierung nachkommen will, sind schwerwiegender Natur. Z. B. die Forderung, ein streng wissenschaftliches Werk, das internationale Bedeutung hat, wie der „Bericht über die Ausgrabungen in Olympia" von Emil Kunze und Hans Schleif, weiterhin zu vertreiben, den Namen des Verfassers Schleif aber auf dem Titel und an allen Stellen im Text, in denen er erwähnt wird, zu streichen, bedeutet, den Verleger zu einer strafbaren Handlung zu veranlassen.

Wenn sich aus dem noch stark verworrenen Verfahren der Zensurbehörde ein erster Eindruck herauskristallisiert, so ist es – leider – der, daß selbst auf die Gefahr bewußter geschichtlicher Fälschung hin, nichts objektiv gewertet werden darf, was in den Jahren 1933–1945 in Deutschland entstanden ist. Beziehungen zu großen und guten Vorbildern, wie etwa zur Architektur der Antike oder die internationale Anerkennung der Regierung Adolf Hitlers darf nicht zugegeben werden. Es wird lieber die Wissenschaftlichkeit und die Verwertung geistiger Arbeit bedeutender Gelehrter der Allgemeinheit entzogen, als daß eine gelegentliche und beiläufige Erwähnung irgendeiner Nazieinrichtung geduldet wird.[9]

Der britische Zensor Michael Beheim-Schwarzbach legte – nach offenbar gründlicher Prüfung – am 16./17. Oktober 1946 Listen mit Büchern vor, die er pauschal für den weiteren Vertrieb freigab. Am 22. Januar 1947 ließen die Book Censorship Section Information Services Control Branch Zonal Executive Offices diese Bücher abermals prüfen. In der Folge fertigte der Verlag Karteikarten für sämtliche unbeanstandete Bücher, für verbotene Bücher – die auf der Karteikarte mit einem roten Kreuz kenntlich gemacht wurden – sowie Bücher, die nur mit Schwärzungen oder ähnlichen Eingriffen in den Verkauf gelangen durften. Bei den Letzteren wurden die Karteikarten mit einem blauen Kreuz versehen. Alle Bücher mit rotem und blauem Kreuz auf

---

[9] Dr. Hellmann, Vorläufiger Bericht über das Verfahren der Britischen Zensurbehörde, 20.9.1946, Stabi Dep. 42,478.

der Karteikarte wurden räumlich getrennt gelagert.[10] Der Verlag reichte der Zensurbehörde eine Liste mit 307 Titeln ein, für die eine Entscheidung der Behörde erforderlich war. De Gruyter berief sich in seinem Begleitschreiben auf international gültige wissenschaftliche Standards, denen zufolge der „ernsthafte Leser" selbst ein Urteil über das entsprechende Werk fällen sollte. Schwärzungen oder Eliminierungen verböten sich deshalb. Der Verlag schlug deshalb vor, die Bücher unverändert erscheinen zu lassen, ihnen aber Begleitzettel beizulegen. Seit der nochmaligen Prüfanordnung der Zensurstelle hatte sich auch der Verlag offenbar sehr detailliert mit allen Titeln beschäftigt und mögliche kritische Stellen für die Zensoren präzise notiert. Unter Punkt 114 war z. B. für den Band XIII/2 des Afrika-Handbuchs, Das Schulwesen in Afrika (1943 erschienen), 17 Seiten angegeben, die „Anklänge an nationalsozialistische Gedankengänge" beinhalteten.[11]

Die Zensurbehörde war begeistert von der „wirklich vollendeten Art und Weise", in der „diese zweifelhaften Werke gelesen und erläutert" wurden und nahm den Vorschlag, den Büchern Zettel beizulegen, an. Gleichzeitig fiel es von nun an in die eigene Verantwortung des Verlages, ob und ggf. welche Vorworte zu entfernen waren.[12] Zum 1. Februar 1947 hatte die britische Militärregierung nämlich die Vorzensur abgeschafft. Von nun an sollten die Verlage am ersten Verkaufstag zwei Exemplare der neuen Publikationen oder neuen Auflagen an die „Library, ISC Branch" senden. Weiterhin mussten sich die Verlage aber an alle Anweisungen, Verfügungen, Gesetze und Verordnungen halten, sofern sie ihre Lizenz nicht verlieren wollten. Bei Zweifelsfällen bestand nach wie vor die Möglichkeit, sich einer freiwilligen Zensur zu unterziehen.[13] Das – vor allem wirtschaftliche – Risiko einer Ablehnung trugen jedoch die Verlage.

Es ist davon auszugehen, dass sich der Verlag auch deshalb der Zensurbehörde gegenüber außerordentlich kooperativ verhielt, weil er seine Existenz zu diesem Zeitpunkt nahezu ausschließlich durch den Verkauf der vorhandenen Lagerbestände und den unveränderten Nachdruck von Büchern aus seinem Programm sicherte.

---

[10] Meldung Dr. Hellmann, 21.4.1947, Stabi Dep. 42,478.

[11] Herbert Cram an The Library-Book Censorship Bureau, 18.7.1947, Stabi Dep. 42,481.

[12] The Library, Information Services Control Branch, an Verlag de Gruyter, 29.8.1947, Stabi Dep. 42,481.

[13] PRISC Branch. Gegenstand: Beseitigung der Vorzensur von Büchern, Broschüren und Theaterstücken, Stabi Dep. 42,223 (1).

Herausforderungen

Neben diesen Kontrollmaßnahmen der Besatzungsmächte musste der Verlag – wie alle Betriebe – Herausforderungen administrativer Art bestehen. Prinzipiell bedurften Einstellungen und Entlassungen beim Verlag Walter de Gruyter der Zustimmung des Arbeitsamts Tiergarten. Letzteres wollte bevorzugt Arbeitskräfte aus dem Bezirk Tiergarten eingestellt wissen.[1] So musste z. B. für jeden aus der Kriegsgefangenschaft zurückkehrenden ehemaligen Angestellten, den der Verlag wieder beschäftigen wollte, ebenso wie bei Neueinstellungen ein Antrag auf Genehmigung beim Arbeitsamt Tiergarten eingereicht werden, in dem das Ansinnen begründet wurde. Im Dezember 1945 beabsichtigte De Gruyter etwa, die Gattin des langjährigen Lagerverwalters, der als verschollen galt, als Reinemachfrau und Packerin zu beschäftigen, um ihr in „ihrer wirtschaftlichen Notlage" zu helfen. Sie war ausgebombt und hatte zwei Kinder zu versorgen. Angestellte, die in einem anderen Bezirk wohnten und deshalb der Zuständigkeit eines anderen Arbeitsamts zugeordnet waren, mussten von Letzterem erst „freigegeben" werden, um weiterhin bei De Gruyter beschäftigt werden zu können. Das traf etwa auf Margarete Kailuweit zu, die seit 1920 im Verlag als Herstellerin tätig war und in Schmargendorf wohnte.[2] Gleiches galt, wenn ein Arbeiter oder Angestellter beim Verlag kündigen wollte, weil er eine andere Stelle antrat oder die Stadt verließ.[3]

Ein Dauerthema in den ersten Nachkriegsjahren war die Stromreduzierung. Immer wieder hielt Herbert Cram die Mitarbeiter per Umlauf zum Stromsparen an. Keinesfalls durften elektrische Heizkörper in Betrieb genommen werden; Lampen sollten nur angeschaltet werden, wenn sie dringend für die Arbeit benötigt wurden. Es drohte die Gefahr, dass die Alliierte Kommandantur den Betrieb bei Überschreiten des zugeteilten Stromkontingents schloss.[4]

---

[1] Arbeitsamt Tiergarten Ortsstelle Süd, an Firma Walter de Gruyter & Co., 26.11.1945, Stabi Dep. 42,521.

[2] Walter de Gruyter & Co. an das Arbeitsamt Tiergarten, 31.8.1945, Stabi Dep. 42,521.

[3] Korrespondenz mit dem Arbeitsamt Tiergarten in Stabi Dep. 42,521.

[4] Z. B. Umlauf, 5.12.1945 oder 27.11.1946, Stabi Dep. 42,521.

Am 14. Mai 1947 fasste Cram in einem Schreiben an Ing. Fritz Raskop, der im „Technischen Verlag Herbert Cram" seit 1939 die Zeitschrift *EMA. Die Elektrische Maschine. Fachzeitschrift für das Deutsche Elektromaschinenbauerhandwerk* herausgab und mehrere Bücher zum Thema publiziert hatte, die Herausforderungen zusammen:

Wenn Sie aber einen Überblick hätten, mit welchen Schwierigkeiten wir arbeiten müssen und wie selbst meine Mitarbeiter durch die jahrelangen Entbehrungen und Überanstrengungen in ihrer Schaffenskraft gehindert sind, dann hoffe ich, daß Sie meiner Haltung wieder mehr Verständnis entgegenbringen. Schon im Bombenterror der Jahre 1944 und 1945 haben unsere Akten nicht immer zu unserer Verfügung gestanden, sodaß nicht alle Abrechnungen termingemäß erfolgen konnten. Ich will diese Tatsachen nicht stillschweigend übergehen, bitte nur um verständnisvolle Nachsicht. Unser Verlag hat zwar die englische Lizenz, unsere Konten lagen aber alle in der russischen Zone; beim Zusammenbruch sind alle unsere Barmittel verlorengegangen; unser Lager wurde beschlagnahmt und selbst unsere Büroräume in Berlin und Leipzig sind nicht unbeträchtlich durch die Bomben beschädigt worden. Der Russe hat unser Aktenmaterial und unser Inventar in unbeschreiblicher Form durcheinandergebracht, sodaß viel verlorenging. Unser Vermögen ging zum größten Teil auch verloren; was uns geblieben ist, ist der Drang zum Wiederaufbau.[5]

Aber auch mit den Bearbeitern gab es Schwierigkeiten. Die Ehefrau des Mathematikers Heinrich Dörrie antwortete auf Crams Versuch einer Kontaktaufnahme im Dezember 1946, ihr Mann befinde sich noch in sowjetischer Kriegsgefangenschaft. Allerlei Vorarbeiten zu einer offenbar vereinbarten Publikation habe er zwar – „auch im Felde" – bereits geleistet, sodass er nach seiner Freilassung die Arbeit wieder aufnehmen könne. Der Kontakt zu ihrem Mann gestalte sich im Moment jedoch schwierig.[6] Auf das Schreiben an Dr. Walter Matzkow, der in der Reihe *Corpus scriptorum ecclesiasticorum Latinorum* die Herausgabe der Schriften Tertullian Apologeticum, De spectaculis, De idolatria, De pallio übernehmen sollte, reagierte dessen Vater, sein Sohn sei seit Ende Juli 1944 als vermisst gemeldet und er habe seither keinerlei Nachricht erhalten.[7]

Insgesamt unterschieden sich die Schwierigkeiten im Verlagsalltag nicht so sehr von den Herausforderungen der letzten Kriegsjahre. Am 5. Februar 1946 informierte Herbert Cram seinen ehemaligen Mitarbeiter Paul Hahn, der sich in Esens/Ostfriesland in Kriegsgefangenschaft befand:

---

[5] Herbert Cram an Civilingenieur Fritz Raskop, 14.5.1947, Stabi Dep. 42,422. Der Springer Verlag und C. H. Beck hatten mit den gleichen Herausforderungen zu kämpfen. Vgl. den Brief von Tönjes Lange an seinen Bruder Otto vom 15.10.1945, teilweise abgedruckt in: Götze, Springer-Verlag, S. 2 f.; Rebenich, C. H. Beck, S. 431.

[6] Annemarie Dörrie an den Verlag Walter de Gruyter, 7.1.1947 (fälschlich 1946 i. O.), Stabi Dep. 42,87 (4).

[7] Arthur Matzkow an Firma Walter de Gruyter, 24.12.1946, Stabi Dep. 42,87 (4).

Der Verlag wird langsam angekurbelt, allerdings ist es schwer, Papier und Druck-möglichkeiten ausfindig zu machen; auch die Erteilung der Druckgenehmigungen für jedes einzelne Verlagswerk ist zumindestens sehr langwierig. Unser Verlagshaus wurde noch in den letzten Kampfhandlungen schwer durch Sprengbomben angeschlagen, sodaß das hintere Fahrstuhlhaus weit offen steht und auch heute noch der Regen im Quergebäude bis in den unteren Stock durchläuft; kein Wasser, keine Zentralheizung, wir arbeiten in erster Linie in dem großen Herstellungsraum bei einem eisernen Ofen. Das Handlager ist noch in Gang und mein eigenes Zimmer; es ist unfreundlich kalt bei uns, aber wir freuen uns, den größeren Teil des Winters überstanden zu haben. Wenn Sie im Frühling kommen, wird alles wohl freundlicher aussehen.[8]

Ein gutes Jahr später beklagte sich Herbert Cram vor allem über das aus-bleibende Papier: „Die Verlagsarbeit macht kaum Fortschritte; die Papier-zuteilung, die monatlich kaum 1 % des Halbjahresbedarfs ausmacht, deckt nicht die laufenden Spesen und ich mache mir Sorge, was tun, wenn die alten Lagervorräte erschöpft sind, oder das Trebbiner Lager nicht wieder freigegeben wird."[9]

---

[8] Herbert Cram an Paul Hahn, 5.2.1946, Stabi Dep. 42,335.
[9] Herbert Cram an Arthur Sellier, 2.4.1947, Stabi Dep. 42,364.

Kontinuität

Auffällig ist die sicherlich auch durch die personelle Kontinuität in der Verlagsleitung bedingte fast nahtlose Fortsetzung der Verlagsarbeit nach dem Ende der NS-Herrschaft. Wie früher suchte man die Nähe zu Entscheidungsträgern, um sich einen Informationsvorsprung zu verschaffen. Rechtsanwalt Reinhard Freiherr von Godin, den die Sowjets aus der Haft in Brandenburg befreit hatten, begleitete die Verlagsleitung z. B. bereits im Juni 1945 zu einem von ihm vorgeschlagenen Besuch beim stellvertretenden Präsidenten des neu eingesetzten Stadtgerichts, Dr. Günther Greffin,[1] um zu hören, ob man schon etwas wegen der künftigen Entwicklung der Gesetzeslage in Erfahrung bringen könne. Der Verlag erhoffte sich auch eine Unterstützung von Dr. Greffin, um die Aufhebung der Beschlagnahme der bei De Gruyter erschienenen Gesetzesausgaben zu erwirken. Beim Besuch am 14. Juni 1945 beschied Dr. Greffin die Besucher jedoch, dass dafür „zur Zeit kein Bedürfnis vorhanden sei".[2]

Während der NS-Zeit hatte der Verlag die juristischen Kommentare an die neue politische Situation angepasst, Gleiches geschah auch nach 1945. Im März 1946 korrespondierte Herbert Cram mit dem „Hochverehrten Herrn Geheimrat" Prof. Dr. Ernst Heymann bezüglich dessen Kommentar zum Handelsgesetzbuch. Heymann war dem jüdischen Juristen Albert Mosse als HGB-Kommentator bei De Gruyter gefolgt. Dem Zeitgeist folgend war in der Auflage von 1940 der Name Mosse gestrichen worden, was bei juristischen Kommentaren nicht üblich ist.[3] Offenbar hatte Heymann nun nach Kriegsende eine Neuauflage seines Kommentars angeregt und vorgeschlagen, in diesem Zusammenhang die Literatur bis zum 8. Mai 1945 zu ergänzen. Dies erschien Cram allerdings keineswegs ausreichend. Die Ergänzungen müssten „den heutigen völlig veränderten Verhältnissen angepasst werden. Es müsste meiner Ansicht nach Überholtes gestrichen werden, auf jeden Fall solche Be-

---

[1] Vgl. dazu Ernst Reuß, Berliner Justizgeschichte. Eine Dissertation zum strafrechtlichen Justizalltag im Nachkriegsberlin (HU Berlin 1999/2000), 2015 als E-Book publiziert.

[2] Protokoll Besuch im Stadtgericht am 14.6.1945; Protokoll Besuch in der Universität bei Herrn Prof. Erbe und Herrn Dr. Figge am 30.7.1945, Stabi Dep. 42,327.

[3] Vgl. dazu Königseder, Walter de Gruyter, S. 194 f.

stimmungen, wie die über die Ostmark, Sudetengebiet usw."[4] Auf die Idee, an die Verdrängung des jüdischen HGB-Kommentators Mosse zu erinnern oder seinen Namen in Neuauflagen nach Kriegsende wieder aufzunehmen, kam offenbar niemand. Heymann hingegen wird noch im aktuellen HGB-Kommentar aus dem Jahr 2020 genannt.

Die 1924 vom Berliner Ordinarius für Altphilologie Werner Jaeger (1888–1961) gegründete „Gesellschaft für Antike Kultur" unter ihrem Vorsitzenden Staatsminister Prof. Dr. Johannes Popitz und dem stellvertretenden Vorsitzenden Prof. Dr. Johannes Stroux hatte 1939 mit der Planung einer Bibliothek von Ausgaben griechischer und lateinischer Klassiker mit deutscher Übersetzung begonnen. Im Dezember 1946 griff der Verlag das Vorhaben wieder auf und schrieb die während des Krieges unter Vertrag genommenen Autoren an, wie es um die Fertigstellung der Manuskripte stünde. Die Ausgabe habe „teils infolge der Erschwernisse durch den Krieg, teils durch den Tod des Herrn Ministers Popitz,[5] schließlich infolge der Nachkriegsschwierigkeiten nur allmählich gefördert werden" können, aber jetzt sei „der Weg frei". Interessant ist der Hinweis Crams, der Verlag bitte um „Mitteilung", falls die Mitarbeit „zeitweise durch politische Gründe behindert sein sollte".[6] Noch zu Beginn des Jahres 1946 hatte Cram an Prof. Viktor Stegemann, der einen Vertrag über die Herausgabe von Prokops Vandalen- und Gothenkrieg hatte, geschrieben, dass der Verlag an dem Gesamtprojekt weiterhin Interesse habe, an eine Verwirklichung „aber zur Zeit nicht zu denken" sei, „da uns weder geeignete Druckereien noch, was die Hauptsache ist, Papier zur Verfügung steht". Die eigene Druckerei sowie die Papiervorräte waren von der sowjetischen Besatzungsmacht beschlagnahmt.[7]

Wie selbstverständlich für Herbert Cram die Kontinuität der Verlagstätigkeit war, macht seine Reaktion auf eine Nachfrage des klassischen Philologen Harald Patzer deutlich. Patzer, der 1936 über das Problem der Geschichtsschreibung des Thukydides promoviert hatte, sollte in der Bibliothek von Ausgaben griechischer und lateinischer Klassiker die Thukydides-Ausgabe bearbeiten und hatte im Januar 1947 zwar seine grundsätzliche Bereitschaft zur weiteren Mitarbeit bestätigt, ging jedoch davon aus, „dass

---

[4] Herbert Cram an Geheimrat Prof. Dr. Heymann, 20.3.1946, Stabi Dep. 42,364.

[5] Johannes Popitz war am 2. Februar 1945 als Widerstandskämpfer in Berlin-Plötzensee hingerichtet worden.

[6] Dieses Schreiben von Herbert Cram ging am 19.12.1946 u. a. an Prof. Dr. Franz Egermann, Greifswald (Epiktet), Prof. Dr. Rudolf Till (Cato, Fragmente und Tacitus, Agricola), Prof. Dr. Theodor Hopfner (Porphyrios de Abstinentia, De antro nympharum, Ad marcellam) und Prof. Dr. Heinz Kortenbeutel, Berlin (Papyrus-Urkunden und -Briefe). Stabi Dep. 42,87 (4).

[7] Schreiben an Prof. Dr. Viktor Stegemann, 4.1.1946, Stabi Dep. 42,87 (4). In der Akte liegen mehrere Schreiben dieses Inhalts.

die in jenem Vertrag vorausgesetzten Verhältnisse sich inzwischen so grundlegend gewandelt haben, dass wohl Zweifel an seiner noch bestehenden Verbindlichkeit für beide Teile bestehen könnten". Er plädierte deshalb für den Abschluss eines neuen Vertrags.[8] Dieser Ansicht mochte sich Herbert Cram keinesfalls anschließen. Zwar ruhe die Gesellschaft für antike Kultur noch, aber der Verlag habe die „Treuhänderschaft dieser Verträge übernommen und steht nach wie vor für die Erfüllung der verlagsrechtlichen Seite ein". Er hielt es deshalb nicht für notwendig, die Arbeit auf die Grundlage eines neuen Vertrags zu stellen.[9]

Bis Mai 1949 war aber noch kein Band aus der Ausgabe der Antiken Klassiker erschienen. Dem Unternehmen standen „zu viel Schwierigkeiten im Wege [...], wie z. B. die Demontage unserer Trebbiner Druckerei und nicht zuletzt die Blockade mit ihren Stromsperren, Transportunterbrechungen usw."[10] Ende November 1949 beschloss die Verlagsleitung, das Projekt nochmals bis zum Frühjahr zurückzustellen.[11] Aber auch Ende des Jahres 1950 ließ es die wirtschaftliche Situation noch nicht zu, mit der Satzherstellung zu beginnen.[12]

Aus der Korrespondenz mit den genehmigenden Instanzen im Jahr 1947 gehen die Bemühungen des Verlags hervor, einen Großteil der Zeitschriften, Reihen und größeren Publikationsvorhaben fortzuführen. Die Begründungen des Verlags unterscheiden sich dabei gar nicht so sehr von jenen aus den Jahren vor 1945. Als Argumente wurden häufig der Export, der Bedarf an den Universitäten oder schlicht die Bedeutung des Werkes genannt.

Für die 17. Auflage des von Richard Bussien herausgegebenen Automobiltechnischen Handbuchs wurde etwa angeführt, es sei ein „wichtiges Nachschlagewerk für Konstruktionsbüros, Reparaturwerkstätten und die gesamte Autoindustrie". Das *Jahrbuch des Deutschen Archäologischen Instituts* genieße „großes Ansehen im Ausland" und lasse „einen erheblichen Export" erwarten. Beim Tell Halaf-Projekt von Max Freiherr von Oppenheim lag bislang nur der erste Band (1943) vor, der zweite Band würde nun „von der Fachwelt des In- und Auslandes dringend erwartet".[13] De Gruyter hatte bereits im Mai 1944 Papier für diesen Band beantragt, weil das Erscheinen des Werkes „für das Ansehen Deutschlands von eminenter Wichtigkeit [...] gerade jetzt

---

[8] Dr. Harald Patzer an Fa. Walter de Gruyter, 12.1.1947, Stabi Dep. 42,87 (4).
[9] Herbert Cram an Dr. Harald Patzer, 21.1.1947, Stabi Dep. 42,87 (4).
[10] Schreiben des Verlags an Prof. Dr. Mauriz Schuster, 10.5.1949, Stabi Dep. 42,87 (4).
[11] Aktennotiz von Hermann Brill, 29.11.1949, Stabi Dep. 42,87 (4).
[12] Walter de Gruyter an Prof. Dr. Rudolf Helm, 29.12.1950, Stabi Dep. 42,87 (4).
[13] Listen in Stabi Dep. 42,223 (1).

Liste mit Begründungen für die Zuteilung von Papier und den Druck von Zeitschriften und Büchern aus der Abteilung Töpelmann, 1947, Stabi Dep. 42,223 (1)

im Kriege" sei. Zudem sollte ein großer Teil der Auflage ins Ausland gehen.[14] Tatsächlich hatte der Verlag für diesen Band eine Papierzuteilung erhalten; er erschien jedoch erst 1950. Das Projekt fand 1955 seine Fortsetzung, als die Verlagskonferenz beschloss, den dritten Band des Tell Halafs in einer Auflage von 350 Stück herzustellen.[15]

Ähnlich war die Argumentation auch bei der Beantragung der Verlagslizenz bei der amerikanischen Militärregierung Groß-Hessen im März 1948. Eine der Begründungen war, nicht nur die britische Besatzungsmacht könne sich an der Bereitstellung der gewaltigen erforderlichen Papiermengen beteiligen, zumal die Bücher und Zeitschriften in allen vier Besatzungszonen verkauft würden. Zudem gingen die Bücher in den Export, was die deutsche Wirtschaft fördere. Angesprochen wurde auch „die ungeklärte politische, wirtschaftliche und verkehrstechnische Verfassung von Berlin", wobei allerdings sehr deutlich zum Ausdruck kam, dass der Verlag seinen „Posten" nicht im Mindesten aufzugeben gedachte. Wie vor 1945 wurde dann für viele Publikationsvorhaben, für die der Verlag Papier beantragen musste, eine den Alliierten vermeintlich genehme, politisch korrekte Begründung geliefert. Für die *Zeitschrift für neutestamentliche Wissenschaft* wurde beispielsweise angeführt:

Die Hauptaufgabe dieser Zeitschrift, von der 42 Bände bereits vorliegen, ist die wissenschaftliche Erforschung des Urchristentums und die Pflege des gesamten Gebietes der alten Kirchengeschichte. Bei dem großen Interesse, das dem religiös-kirchlichen Leben der Gegenwart besonders auch vom neutralen Auslande, der Schweiz und Skandinavien, entgegengebracht wird, ist die Fortführung dieser Zeitschrift eine dringende Forderung der internationalen Fachwelt.[16]

Der Bericht des Lektors Dr. Ulrich Hellmann vom April 1948 über die derzeitigen Verlagsvorhaben unterstreicht die Kontinuität eindrucksvoll:

Die <u>Abteilung Göschen</u> pflegt weiterhin die weltbekannte „Sammlung Göschen", die ein Kompendium der gesamten Wissenschaft bleiben soll. Im Augenblick stehen entsprechend den Bedürfnissen der Gegenwart die Ingenieurwissenschaften im Vordergrund und es folgen die Wirtschaftswissenschaften, denen aber auch besondere größere Monographien gewidmet sind. „Göschens Lehrbücherei" auf dem Gebiete der Mathematik wird weiter ausgebaut. Die Fortführung von „Crelles Journal für die reine und angewandte Mathematik" und des „Jahrbuch über die Fortschritte der Mathematik" ist für die wissenschaftliche Welt eine unabdingbare Forderung.

---

[14] Verlag Walter de Gruyter an die Wirtschaftsstelle des deutschen Buchhandels, 16.5.1944, Stabi Dep. 42, I 307, M 2. Vgl. dazu Königseder, Walter de Gruyter, S. 231 f.

[15] Protokoll der Verlagskonferenz vom 20.1.1955, Stabi Dep. 42,371.

[16] Schreiben an die amerikanische Militärregierung von Groß-Hessen, 19.3.1948, Stabi Dep. 42,545.

Das Gebiet der Rechtswissenschaft wird von der **Abteilung Guttentag** betreut. Hier erscheinen zur Zeit in neuen Auflagen der „Lehrbücher und Grundrisse" Darstellungen des „Allgemeinen Teils" und des „Familienrechts des BGB." von Prof. Heinrich Lehmann/Köln, des „Handels- und Seefahrtsrechts" von Prof. Julius von Gierke und der „Deutschen Rechtsgeschichte" von Prof. Hans Fehr. Um dem besonders großen Mangel an geeigneter Literatur für die Studenten abzuhelfen, wurde die kleine Reihe „Leitfaden der Rechtswissenschaft" ins Leben gerufen. Das grundlegende Werk von Prof. Arthur Wegner „Einführung in die Rechtswissenschaft" steht vor dem Erscheinen.

Die „Juristische Rundschau" will den deutschen Juristen über alles unterrichten, was auf dem Gebiet des privaten und öffentlichen Rechts geschieht. Die seit Jahrzehnten bestehenden, auch im Auslande verbreiteten „Zeitschrift für ausländisches, öffentliches und Völkerrecht", „Zeitschrift für ausländisches und internationales Privatrecht", „Kritische Vierteljahrsschrift für Gesetzgebung und Rechtswissenschaft" und die „Zeitschrift für das gesamte Strafrechtswesen" sollen sobald als möglich wieder herausgebracht werden. [...]

Die **Abteilung Reimer**, stets in engster Verbindung mit dem Archäologischen Institut des Deutschen Reiches und seinen wissenschaftlichen Bestrebungen stehend, pflegt auch weiterhin durch Einzelwerke und das „Jahrbuch des Deutschen Archäologischen Instituts" das Gebiet der Archäologie. Die Grundlagen der humanistischen Bildung, die schon bisher in der von Werner Jaeger begründeten Zeitschrift „Antike", deren Wiedererscheinen unbedingt notwendig ist, und durch die enge Zusammenarbeit mit der „Gesellschaft für antike Kultur" plastisch zum Ausdruck kamen, bleiben das Fundament, auf dem weiter gearbeitet wird. Von dem berühmten Werk Werner Jaegers „Paideia" ist soeben der dritte Band erschienen. Die kritisch-historische Ausgabe der „Briefe Winckelmanns" wird zu Ende geführt werden. Geplant sind Biographien bedeutender Archäologen und Museumsmänner wie Conze, Dörpfeld, Koldewey und Bode. Die kritische Textausgabe der „Werke Pestalozzis" wird energisch weitergeführt. Eine Biographie „Pestalozzi, Werk und Wollen" von Prof. Otto steht vor dem Abschluß.

Die „Abhandlungen und Sitzungsberichte der Preußischen Akademie der Wissenschaften" wie die „Handbücher der staatlichen Museen zu Berlin" werden auch von der Abteilung Reimer betreut, die ihr besonderes Augenmerk auf die Fortführung der im Auftrage der Kirchenväter-Kommission der Preußischen Akademie der Wissenschaften herausgegebenen Werke des „Athanasius" richtet. Zu einem Abschluß gebracht wird auch das große Werk der „Corpus confessionum" von Fabricius und „Luthers Werke in Auswahl" von Clemen bedürfen dringend einer Neuauflage. Ein Standardwerk ist die „Geschichte der alten Kirche" in vier Bänden von Hans Lietzmann ebenso wie die vor ihrem Abschluß stehende „Geschichte des chinesischen Reiches" von Franke (4 Bände).

Traditionsgemäß ist die Abteilung Trübner der Pflege der Sprachwissenschaft treu geblieben. „Trübners Deutsches Wörterbuch" wird zu Ende geführt, ebenso das „Verfasserlexikon (Deutsche Literatur des Mittelalters)". Von „Kluge, Etymologisches Wörterbuch" ist in Kürze eine Neuauflage zu erwarten, das „Fremdwörterbuch" von Schulz wird fortgesetzt. Die Weiterarbeit an den großen Reallexika ist für eine fernere Zukunft geplant. Zunächst soll durch einen Nachtragsband das „Realle-xikon der Vorgeschichte" von Ebert auf den augenblicklichen Stand der Wissenschaft gebracht werden. Ebenso werden die „Grundrisse der germanischen Philologie", „der indogermanischen Philologie" und der „romanischen Philologie" durch neue Bände vervollständigt werden.

Die verlegerische Zusammenarbeit mit wissenschaftlichen Gesellschaften wie der „Gesellschaft für Vorgeschichtliche Forschung", „der Indogermanischen Gesellschaft", „der Literaturarchivalischen Gesellschaft" und der „Gesellschaft für Germanische Philologie" wird im Interesse der Fortführung der international verbreiteten Werke, der „Indogermanischen Forschungen und Jahrbücher", des „Jahrbuchs für prähis-torische und etnographische Kunst" und anderen nachdrücklichst betrieben.

Auf dem Gebiete der Philosophie erscheinen neben einer Neuauflage der Mono-graphie von Jaspers „Nietzsche" neue Auflagen der Werke von Nicolai Hartmann. Das „Philosophenlexikon" von Ziegenfuss steht vor dem Abschluß. In einer neuen Reihe „Lebendige Soziologie" behandeln die ersten Hefte „Gerhart Hauptmann" – „Lenin" – „Genossenschafter" – „Augustin" – „Rousseau".

Für das kulturelle Gegenwartsschaffen sind und bleiben unentbehrlich die welt-berühmten Nachschlagewerke: „Minerva. Jahrbuch der gelehrten Welt", das im Laufe der Zeit durch die „Minerva – Handbücher" für Museen, für Bibliotheken und für Archive ergänzt wurde, sowie „Kürschners Deutscher Literatur-Kalender" und „Kürschners Deutscher Gelehrten-Kalender". Neuauflagen befinden sich bereits in Vorbereitung.

Die Abteilung Veit sucht, entsprechend der gewaltigen Entwicklung der Natur-wissenschaften in der Gegenwart die neuen Erkenntnisse dem großen Kreis der Interessierten durch richtungsweisende Veröffentlichungen nahezubringen. Diesem Zweck dient die Reihe „Arbeitsmethoden der modernen Naturwissenschaften", begründet von A. Thiel, jetzt herausgegeben von Prof. Kurt Fischbeck. Für den Chemiker gelten die Bücher von „Holleman-Wiberg, Anorganische Chemie" und „Holleman-Richter, Organische Chemie" sowie „Gattermann, Praxis des organischen Chemikers" und „Küster-Thiel-Fischbeck, Logarithmische Rechentafeln" als Stan-dardwerke. Das Gleiche gilt für den Physiker bei „Bergmann-Schäfer, Experimental-physik" (2 Bände) und „Schäfer, Theoretische Physik" (3 Bände). Ein ganz neues Problem stellen Meyer-Seitz in ihrem Buch „Ultraviolette Strahlen" dar.

Für den Mediziner ist das „Klinische Wörterbuch" von Dornblüth-Pschyrembel das Nachschlagebuch. Soeben erschien von Pschyrembel das modernste Buch auf dem Gebiet der Geburtshilfe. Bald werden vollständig vorliegen die zwei Bände „Ana-tomie des Menschen" von Waldeyer, und wichtig sind „Landes, Perkussion und Aus-kultation" und die zwei Bände „Diepgen, Geschichte der Medizin". Ganz aktuellen Fragen ist das „Lehrbuch der Psycho-Biologie" von Lungwitz in 7 Bänden gewidmet. In seiner „Entdeckung der Seele" gibt Lungwitz besonders interessante Aufschlüsse.

Im „Studium Klinicum" sollen Hefte in zwangloser Folge, um dem völligen Mangel an Fachbüchern abzuhelfen, eine Gesamtdarstellung des klinischen Wissens bringen. Auch wäre dringend das Wiedererscheinen der „Allgemeinen Zeitschrift für Psy-chiatrie", die für die Neurologen ein unentbehrliches Handwerkszeug darstellt, zu fordern.

Der deutsche Schachmeister Kurt Richter ist der Verfasser der drei neuesten Veröffentlichungen auf dem seit über 100 Jahren gepflegten Gebiet des Schachwesens. [...]

Lebendige Pflege der Tradition auf wissenschaftlichem und seelsorgerischem Gebiet bleibt auch das Ziel der Tochterfirma Alfred Töpelmann. Die Abteilung ist sich der großen Bedeutung des religiös-kirchlichen Lebens in der Gegenwart bewußt und sucht durch geeignete Veröffentlichungen die ökumenischen Bestrebungen zu fördern. Für den praktischen Gottesdienst sind bestimmt die Veröffentlichungen von „Altmann, Hilfsbuch zur Geschichte des christlichen Kultus", „Händler, Die Predigt", „Wißmann, Katechismusunterricht" und „Fendt, Homiletik". Die wertvolle Publikation „Mischna" wird in dem alten Geiste durch Veröffentlichung weiterer Traktate zum Abschluß gebracht, und in der „Sammlung Töpelmann" werden wiederum Einzelprobleme behandelt werden. Eine neue Auflage von „Preuschen, Griechisch-deutsches Taschenwörterbuch" soll dem großen Bedürfnis der Studentenschaft nach Lexika abhelfen.

Dringend notwendig ist die Weiterführung der auch im Auslande so stark verbreiteten Organe wie die „Zeitschrift für alttestamentliche Wissenschaft", die „Zeitschrift für neutestamentliche Wissenschaft" und die „Zeitschrift für systematische Theologie".[17]

Herbert Cram hatte sich zu NS-Zeiten – unabhängig von den Folgen insbesondere für die jüdischen Wissenschaftler – penibel an die neuen Gesetze und Verordnungen gehalten und setzte diese Strategie nach 1945 fort. Wie bei den Mitarbeitern, die er vor ihrer Entnazifizierung nicht in ihre früheren Positionen einzusetzen bereit war, wollte er auch bei den Autoren kein Risiko eingehen. Solange sie das Entnazifizierungsprozedere nicht erfolgreich durchlaufen hatten, wurden ihre Bücher nicht verlegt. Dabei stellte sich aber für Herbert Cram nicht die Frage, ob sie sich wegen ihrer tatsächlichen Rolle während der NS-Zeit möglicherweise nicht mehr als De-Gruyter-Autoren eigneten, sondern lediglich die Bestimmungen der Alliierten waren entscheidungsrelevant.

Dies zeigte sich schon Mitte Juli 1947, als sich Herbert Cram an den Herausgeber der *Zeitschrift für die neutestamentliche Wissenschaft*, Prof. Walther Eltester, wandte, weil „von allen Seiten bei uns angefragt wird, wie es mit der ZNW steht". Cram wollte „diesen Plan nunmehr ernsthaft in Erwägung ziehen" und bat Eltester, mit den Mitherausgebern Prof. Martin Dibelius und Prof. Gerhard Kittel, „sofern er als Herausgeber mitarbeiten kann und darf", Kontakt aufzunehmen.[18] Der bekannte Neutestamentler Kittel war 1933 in die NSDAP eingetreten und gerierte sich als fanatischer Antisemit, der zahlreiche judenfeindliche Machwerke publizierte. Die französischen Besatzer hatten ihn fristlos entlassen und 18 Monate interniert. Kittel starb

---

[17] Der Verlag Walter de Gruyter & Co., [April 1948], Stabi Dep. 42,478.
[18] Herbert Cram an Walther Eltester, 15.7.1947, Stabi Dep. 42,422.

1948, ein Jahr vor Erscheinen der ersten Nachkriegsausgabe der *Zeitschrift für die neutestamentliche Wissenschaft*, trat also nicht wieder in die Riege der Herausgeber ein. In der Verlagskorrespondenz werden jedoch keine Zweifel an der grundsätzlichen Eignung Kittels als Herausgeber einer renommierten theologischen Zeitschrift deutlich, sondern lediglich die Frage, ob er „mitarbeiten kann und darf".[19]

Auch der Alttestamentler Prof. Johannes Hempel durfte Herausgeber der *Zeitschrift für die alttestamentliche Wissenschaft* bleiben. Er hatte sich den „Deutschen Christen" angeschlossen und sich zusehends der NS-Ideologie angenähert, woraus eine scharfe Trennung von Altem Testament und Christentum sowie eine Ausblendung aller Bezüge zum Judentum resultierten. Unter seiner Herausgeberschaft durften sehr bald keine jüdischen Autoren mehr in der Zeitschrift veröffentlichen; zudem löschte er den Titelzusatz *und die Kunde des nachbiblischen Judentums*.[20] Obwohl die Zeitschrift bereits während der NS-Zeit an internationalem Renommee verloren hatte, weil die Wissenschaft mit der Aufgabe des Alten Testaments als Grundlage der christlichen Religion verständlicherweise Schwierigkeiten hatte, hielt De Gruyter nach dem Krieg an Hempel als Herausgeber fest. 1948 stellte ihm der Verlag den Hallenser Alttestamentler Otto Eißfeldt als Mitherausgeber an die Seite, was die – vor allem internationale – Kritik an Hempel jedoch nicht verstummen ließ. Auf seinen Lehrstuhl durfte er nicht zurückkehren; De Gruyter stand jedoch bis zu seinem Tod 1964 zu ihm als Herausgeber der *Zeitschrift für die alttestamentliche Wissenschaft*.[21]

Es gab aber andererseits auch keine Berührungsängste gegenüber vom NS-Regime verfolgten Autoren, deren Werke De Gruyter nicht mehr verlegt hatte. Der berühmte Philosoph Hans Leisegang, den die Nationalsozialisten nach einer Denunziation von seinem Jenaer Lehrstuhl vertrieben hatten und dessen Werke De Gruyter in der Folge nicht mehr zu drucken bereit gewesen war, lehrte seit November 1948 an der FU Berlin. Ende 1949 fragte der Verlag an, ob Leisegang Interesse habe, für die Sammlung Göschen eine „Einführung in die Philosophie" zu schreiben. Am 20. Januar 1950 unterzeichneten beide Seiten einen Vertrag.[22] Das Bändchen erschien 1951, und bis 1973 folgten sieben weitere Auflagen.[23] Nach dem Tod Leisegangs im

---

[19] Vgl. Königseder, Walter de Gruyter, S. 253 ff. (mit weiteren Literaturhinweisen zur Rolle Kittels).

[20] Ulrich Kusche, Die unterlegene Religion. Das Judentum im Urteil deutscher Alttestamentler. Zur Kritik theologischer Geschichtsschreibung, Berlin 1991, S. 141.

[21] Vgl. Königseder, Walter de Gruyter, S. 248 ff.

[22] Vertrag in Stabi Dep. 42,344.

[23] Vgl. zu Leisegang Königseder, Walter de Gruyter, S. 67 f., basierend auf Eckardt Mesch, Hans Leisegang. Leben und Werk, Erlangen/Jena 1999.

April 1951 druckte De Gruyter die Schrift „In Memoriam Hans Leisegang"
der Freien Universität.[24] Als sich die FU bereiterklärte, 300 Exemplare à 3.–
DM von Leisegangs „Meine Weltanschauung" zu übernehmen, beschloss der
Verlag im Januar 1952, die Schrift in einer Höhe von 700 Stück aufzulegen.[25]

Eine gezielte Strategie lässt sich aus der Beziehung des Verlags zu Hans
Leisegang jedoch nicht herleiten. In den Quellen ist keinerlei Bemühen zu
erkennen, sich mit dem Schicksal vertriebener oder gar ermordeter Verlagsautoren zu beschäftigen, obwohl viele von ihnen dem Haus Jahre, teils Jahrzehnte eng verbunden gewesen waren. So geriet zum Beispiel die wegwei-
sende Arbeit, die der jüdische Philologieprofessor Hans Sperber bei einem
Vorzeigeprojekt De Gruyters, „Trübners Deutschem Wörterbuch", gespielt
hatte, völlig in Vergessenheit. Als Sperber infolge des „Gesetzes zur Wieder-
herstellung des Berufsbeamtentums" vom 7. April 1933 seine Lehrtätigkeit
in Köln hatte aufgeben müssen, hatte ihn der Verlag immer stärker aus dem
Projekt gedrängt und den ins Exil in die USA vertriebenen Wissenschaftler
schließlich ganz fallen lassen.[26] Da das Wörterbuch während der NS-Zeit
nicht fertiggestellt werden konnte und der Herausgeber Prof. Dr. Alfred
Götze 1946 starb, wäre der Versuch einer Kontaktaufnahme zu Sperber, der
bis 1955 an der Ohio State University in Columbus lehrte, nicht ganz abwegig
gewesen. Offenbar gab es aber keinerlei diesbezügliche Bemühungen vonseiten des Verlages.

Wenig überraschend vollzog sich auch in den 1950er-Jahren kein grundsätzlicher Wandel im Hause de Gruyter. Der Verlag setzte die meisten traditionsreichen – und bereits vor 1933 bewährten – Projekte fort. Die Protokolle
der wöchentlichen Verlagskonferenz unterstreichen diese Kontinuität. Wie
vor 1945 wurden mehrbändige Handbücher (z. B. Handbuch der Zoologie,
Handbuch der Kriminologie) und Nachschlagewerke (Merker-Stammler,
Reallexikon der Deutschen Literaturgeschichte, Trübners Deutsches Wörter-
buch, Kürschners Gelehrtenkalender, Kürschners Literaturkalender, Kluges
Etymologisches Wörterbuch, Pschyrembels Klinisches Wörterbuch) verlegt,
Zeitschriften und Jahrbücher über einen langen Zeitraum (Archäologisches
Jahrbuch, Jahrbuch für Volksliedforschung), juristisches (Sammlung
Guttentag) und theologisches (z. B. Mischna) Schriftgut, Büchlein der
Sammlung Göschen, Schachwerke (z. B. Deutsche Schachzeitung) sowie
naturwissenschaftliche Werke fortgesetzt. Bis 1949/50 wurden kaum neue
Projekte verwirklicht, sondern lediglich vorhandene Werke ausverkauft. Bis
die Verlagsgeschäfte zu Beginn der 1950er-Jahre wieder in Gang kamen, war

---

[24] Vertrag vom August 1951 in Stabi Dep. 42,344.

[25] Protokoll der Verlagskonferenz vom 3.1.1952, Stabi Dep. 42,371.

[26] Vgl. dazu ausführlich Königseder, Walter de Gruyter, S. 53–65.

die NS-Belastung vieler Wissenschaftler zugunsten der Westintegration der jungen Bundesrepublik vor dem Hintergrund des Kalten Krieges längst in den Hintergrund getreten.

Die Beibehaltung des Verlagsprofils lässt sich einerseits durch die personelle Kontinuität erklären, resultiert aber andererseits auch aus dem Charakter eines Wissenschaftsverlags. Die Entstehung neuer Enzyklopädien oder Lehrbücher ist ein jahrelanger Arbeitsprozess, den in der unsicheren und prekären Nachkriegssituation weder Wissenschaftler noch Verlage leisten konnten. Die gleiche Strategie lässt sich auch für den Springer-Verlag nachzeichnen, der sich ebenfalls bemühte, seine Handbücher und Reihen mit den langjährigen Herausgebern und Autoren fortzusetzen.[27]

---

[27] Götze, Springer-Verlag, S. 22 ff.

Druckerei und Buchlager in Trebbin

Neben dem allgegenwärtigen Papiermangel behinderten insbesondere die Beschlagnahmung und Demontage der unbeschädigten verlagseigenen Druckerei und des Lagers im brandenburgischen Trebbin durch die sowjetische Besatzungsmacht die Arbeit. Die wissenschaftliche Druckerei sollte am 25. September 1945 abtransportiert werden. Die beiden zuständigen Offiziere erklärten Herbert Cram, der Befehl zum vollständigen Ausräumen datiere vom 28. Juli und komme direkt aus Moskau. Die Kreiskommandantur legte erfolglos Einspruch ein.[1] Der Verlag bemühte sich daraufhin, Gutachten von verschiedensten Institutionen und Wissenschaftlern einzuholen, die die Bedeutung der Druckerei unterstreichen und ihre Demontage verhindern sollten.

Interessant ist die unterschiedliche Argumentationslinie dieser erbetenen Gutachten. Da der Verlag bereits über eine britische Lizenz verfügte, wandte sich Herbert Cram u.a. an den Theologen Prof. Dr. Hermann Schuster mit der Bitte, er möge den Fall bei Major Beattie in Hannover vortragen. Schuster schrieb am 17. November 1945:

Es wäre in der Tat für unsere deutsche Wissenschaft ein sehr schwerer Schlag, wenn ihr diese Druckerei entzogen würde. [...] Die Leitung der Firma hat sich unter der Naziherrschaft wie kaum eine andere vom Nazigeist freigehalten. Ich habe in vielen Jahren nicht einen Brief mit der Unterschrift „Heil Hitler" erhalten. In meiner Kirchengeschichte, die Ende 1941 erschien, steht nicht ein Satz, der nazistisches Gepräge trägt oder vom Nazigeist berührt ist. Das hat man mir nie zugemutet. [...] Mein Urteil über die vornehme Denkweise des Verlages wird Herr Staatsminister Grimme, Hannover, gewiss gerne bestätigen. Als die Nazis ihm Amt und Brot nahmen, hat die Firma de Gruyter, nicht ohne Gefahr, mit ihrer Druckerei ihm Arbeit und Verdienst verschafft. So dürfte diese in der britischen Zone von Berlin gelegene Firma wohl der englischen Hilfe wert sein.[2]

In eine völlig andere Richtung ging das Gutachten von Prof. Franz Altheim vom Institut für Altertumswissenschaft in Halle. Er schrieb am 8. Mai 1946 in dieser Angelegenheit an die Deutsche Zentralverwaltung in der

---

[1] Herbert Cram, Bericht, Stabi Dep. 42,487.

[2] Prof. Dr. Hermann Schuster an Major Beattie, Hannover, 17.11.1945, Stabi Dep. 42,422. Zu Grimme vgl. Königseder, Walter de Gruyter, S. 93 ff.

sowjetrussischen Administration zu Händen Herrn Baluschek, er unterstütze
die Bemühungen De Gruyters, weil

die Tätigkeit des Verlages von größter Bedeutung für die Arbeit der Universitäten,
zumal die in der russischen Zone, ist. Durch die von ihm herausgegebene Sammlung
Göschen hat er eine unvergleichlich billige und anerkannt vorzügliche Reihe kurz-
gefaßter wissenschaftlicher Abrisse geschaffen, die heute, wo das wissenschaftliche
Buch schwer zu beschaffen und oft unerschwinglich ist, eine erhöhte Bedeutung
gewinnen werden. Darüber hinaus nimmt der Verlag durch die von ihm herausgegebenen unersetzlichen Standardwerke eine Stellung im wissenschaftlichen Verlagswesen ein, der innerhalb der anderen Zonen nichts sich zur Seite stellen läßt. Wir
sind überzeugt, daß auch die Militärregierung und vor allem die wissenschaftlichen
Institute Rußlands auf die Mitheranziehung des Verlages Walter de Gruyter & Co. zur
wissenschaftlichen und verlegerischen Arbeit Wert legen.[3]

Diese unterschiedlichen Stoßlinien waren kein Zufall. Herbert Cram schrieb
gezielt Wissenschaftler an und gab die Richtung der erbetenen Gutachten
vor. Am 5. April 1946 bat er z. B. den Theologen Prof. Dr. Otto Händler in
Greifswald um Unterstützung:

Leider ist unsere Druckerei in Trebbin wohl unwiderruflich verloren. Sie hat wohl den
Krieg überstanden, wird aber jetzt auf Reparationskonto nach Moskau abtransportiert
werden. Da wir englische Lizenz haben, glaubt die deutsche Zentralverwaltung in
der sowjetrussischen Administration, unsere Druckerei freigeben zu können und
mit ihr unser ganzes Verlagslager und Papierlager. Wäre es möglich, dass die Universität Greifswald sich bei der russischen Administration in Karlshorst – Sie werden
dort wohl Ihre Verbindungsstellen haben – sich für den Verlag de Gruyter einsetzt?
Wenn Sie die Bedeutung des Verlages für das Universitätsleben, insbesondere auch
für Ihre Greifswalder Universität schildern und beantragen, dass unser Verlagslager,
das von den Russen beschlagnahmt ist, so schnell wie möglich wieder freigegeben
wird und dass es dringend erforderlich ist, dem Verlag de Gruyter & Co. auch für
den russischen Sektor bezw. die russische Zone Verlagslizenz zu erteilen und ihm die
Möglichkeit gegeben wird, dort zu drucken und Papier zu bekommen. Der Bedarf
an Büchern des Verlages de Gruyter für Professoren und Studenten in der russischen
Zone würde das allein hinreichend rechtfertigen.[4]

Auffallend häufig bat Cram Theologen um Unterstützung. Am 10. April
1946 schrieb er an Prof. Dr. Dedo Müller, er wolle der Erwartungshaltung
der sowjetischen Zentralverwaltung, die britische Lizenz zugunsten der
sowjetischen aufzugeben, nicht nachkommen. Er hielt die Freiheit der
Wissenschaft hoch, einen Standpunkt, den der Verlag „mit aller Energie dem
Ministerium Goebbels gegenüber vertreten und durchgesetzt" habe. „Bei den

---

[3] Franz Altheim an Herrn Baluschek, Deutsche Zentralverwaltung in der sowjetrussischen Administration, 8.5.1946, Stabi Dep. 42,364.

[4] Herbert Cram an Prof. Dr. Otto Haendler, 5.4.1946, Stabi Dep. 42,422.

Kämpfern für die demokratische Freiheit der heutigen Zeit aber finden wir noch nicht das richtige Verständnis."[5]

Herbert Cram beschränkte sich aber nicht nur auf die Beschaffung von Gutachten. Um die Freigabe des Auslieferungslagers in Trebbin zu erwirken, fuhr er am 2. Mai 1946 selbst dorthin. Sein Besuch brachte die Angelegenheit jedoch nicht voran: Ich „habe mit den Russen gesprochen und bin heute sehr pessimistisch gestimmt. Wir verlieren unsere gesamten Maschinen im Laufe dieses Monats, und wenn die Deutsche Zentralverwaltung in der sowjetischen Administration die Lizenz uns weiterhin vorenthält, verlieren wir Lager, Verlagsakten, Büromöbel und alles, was dort noch an privaten Gegenständen untergebracht ist."[6]

Er lag mit seiner Einschätzung richtig: Weder sein Vorsprechen vor Ort noch zahlreiche Gutachten und Bittschreiben verhinderten die Demontage der Trebbiner Setzerei und Druckerei im Jahr 1946. Dennoch bewarb sich der Verlag am 16. Juli 1946 um die sowjetische Verlagslizenz, weil er ein großes Auslieferungslager in Leipzig betrieb und mit vielen wissenschaftlichen Einrichtungen in der sowjetischen Besatzungszone und im sowjetischen Sektor Berlins traditionell eng verbunden war.[7] Im Juli 1947 wurde die Beschlagnahme Trebbins aufgehoben. Das dort befindliche Rohbogenlager war erhalten geblieben.[8] Im Rahmen des „Interzonenhandels" konnten nun in Trebbin lagernde Titel nach West-Berlin gebracht, dort aufgebunden und verkauft werden.[9]

Allerdings hatte die sowjetische Besatzungsmacht einiges entnommen und „das Gesamtlager in eine maßlose Unordnung gebracht". Nachdem De Gruyter die Verfügungsgewalt zurückerhalten hatte, hat es „10 Wochen angestrengter Arbeit bedurft, um wenigstens einigermaßen Ordnung in das Lager zu bekommen". Aus der demontierten Druckerei hatte der Verlag nur den Stehsatz von ungefähr 100 Werken retten können.[10]

Seit 1949 bemühte sich De Gruyter um den Aufbau eines Setzerei-Betriebs in Berlin und beschäftigte in diesem Zusammenhang die Trebbiner Fachkräfte in der Stadt. In der Regel erfolgte das auf der Basis des Interzonenvertrags und aufgrund der gesetzlichen Bestimmungen mit Einverständnis

---

[5] Herbert Cram an Prof. Dr. Dedo Müller, 10.4.1946, Stabi Dep. 42,422.

[6] Herbert Cram an Herrn Friedrichsen, 3.5.1946, Stabi Dep. 42,426.

[7] Herbert Cram an die Sowjetische Zentralkommandantur Berlin, z. Hd. d. Herrn Major Tarassenko, 16.7.1946, Stabi Dep. 42,487.

[8] Kurt Lubasch, De Gruyter 1945 bis 1989. Entwicklungen trotz widriger Standortbedingungen, in: Wolfram Fischer/Johannes Bähr (Hrsg.), Wirtschaft im geteilten Berlin 1945–1990. Forschungsansätze und Zeitzeugen, München u. a. 1994, S. 347–362, hier S. 349.

[9] Ziesak, Der Verlag Walter de Gruyter, S. 263.

[10] Geschäftsbericht über die Geschäftsjahre 1944–1947, Stabi Dep. 42,425.

des Magistrats Abteilung Wirtschaft und der ostzonalen Behörden. Die Ent-
lohnung fand durch den Trebbiner Betrieb statt.[11] Aber auch dieses Projekt
fiel dem sich verschärfenden Kalten Krieg zum Opfer. Seit Oktober 1950
fehlte die offizielle Genehmigung des Ministeriums für innerdeutschen
Handel; deshalb konnte der Dienstleistungsvertrag zwischen der Trebbiner
Setzerei und dem Verlag nicht fortgeführt werden.[12] Am 8. Februar 1951
informierte Herbert Cram die Nebenstelle Trebbin des Arbeitsamtes Teltow,
„dass wir gezwungen sind, den in Trebbin beschäftigten Betriebsangehörigen
zu kündigen, da uns für diese seit Wochen nicht die Möglichkeit gegeben
ist, sie zu beschäftigen, und nun auch durch die gesetzliche Bestimmung
die geldlichen Reserven erschöpft sind, um sie zu entlohnen".[13] Der Verlag
behalf sich mit einer Handsetzerei, in der Ende Januar 1951 23 Westberliner
beschäftigt waren.

---

[11] Walter de Gruyter & Co. an das Facharbeitsamt 11, Abtl. Graphisches Gewerbe,
Berlin-Neukölln betr. Antrag auf Zustimmung zur Weiterbeschäftigung von 24 Spezial-
Monotyp-Setzern, 31.1.1952, Stabi Dep. 42,458 (5).

[12] Herbert Cram an die Betriebsleitung der Setzerei Walter de Gruyter & Co., 4.1.1951,
Stabi Dep. 42,458 (5).

[13] Herbert Cram an das Arbeitsamt Teltow, Nebenstelle Trebbin, 8.2.1951, Stabi Dep.
42,458 (5).

Bleiben oder gehen?

Die politische Entwicklung in Berlin kann in ihrer Bedeutung für das Verlagswesen kaum überschätzt werden. Zunächst mussten sich die Verlage wegen der Viermächteverwaltung der Stadt an den Intentionen und Direktiven aller vier Besatzungsmächte ausrichten, was im Vergleich zu anderen Verlagsorten eine besondere Herausforderung bot. Zudem gestaltete sich die Wiederaufnahme von Beziehungen zu Autoren und Herausgebern in Berlin schwieriger. Ferdinand Springer etwa hatte bereits im Herbst 1946 für seinen Verlag in Heidelberg einen neuen Standort gefunden, nicht zuletzt um seine Kontakte besser pflegen zu können.[1] Als sich dann die in der Bundesrepublik ansässigen Verlage nach der Währungsreform im Juni 1948 wirtschaftlich konsolidierten, geriet die Situation wegen der völligen Abriegelung West-Berlins durch die Sowjetunion vom 24. Juni 1948 bis 12. Mai 1949 zur existenziellen Krise.

Die totale Blockade der Stadt behinderte die Verlagsarbeit massiv. Der Leiter der Abteilung Trübner, Hermann Brill, schrieb am 28. Oktober 1948 an den Theologen Hermann Schuster: „Leider geht der Satz der Kirchengeschichte nicht so vorwärts wie ich mir das dachte. Inzwischen ist die Blockade eingetreten, die alle Dispositionen über den Haufen warf. [...] Wir haben nur 2 Stunden Strom am Tage, und es dauert 1–1½ Stunden, bis die Maschine angeheizt ist, und dann bleibt eine halbe Stunde für die Satzarbeit übrig."[2]

Bemerkenswert ist, dass Herbert Cram offenbar trotz der durch die Blockade hervorgerufenen äußerst schwierigen Bedingungen eher optimistisch am Standort Berlin festhielt. Auf dem Höhepunkt der Blockade im Oktober 1948 machte er sehr deutlich, dass er den Pessimismus, den Ernst Herrmann vom Deutschen Kunstverlag (dem Cram einen Kredit in Höhe von 20.000 Mark für den Erwerb von Papier finanziert hatte, damit dieser die Produktion überhaupt in Gang bringen konnte) offenbar verbreitet hatte, nicht im Mindesten teilte:

---

[1] Götze, Springer-Verlag, S. 7.
[2] Hermann Brill an Prof. Dr. Hermann Schuster, 28.10.1948, Stabi Dep. 42,175 (5).

Sie scheinen die Lage in Berlin doch wohl zu schwarz anzusehen. Bei allen Erschwernissen gibt es doch wieder Möglichkeiten der Produktion, nicht nur in Berlin, sondern neuerdings auch in erhöhtem Umfange in Leipzig und zwar in zum Teil durchaus beachtlicher Qualität. Ihre Ansicht, dass die Herstellung in Berlin langsam einschlafen soll, sollten Sie revidieren; das würde meiner Ansicht nach ein ernster Fehler sein. Als in Berlin lizensierter Verlag sollten Sie die Berliner Möglichkeiten und die Möglichkeit nach dem Osten unabhängig von Ihrer Produktion im Westen in Ihren Verlagsplan miteinschalten.[3]

In der Tat hatte es in der von den vier Besatzungsmächten verwalteten Stadt mindestens bis zur Berlin-Blockade im Juni 1948 Grund zur Annahme gegeben, sie könne ihre traditionell starke Stellung in der deutschen Verlagslandschaft wiedererlangen. Die im Juni 1947 stattfindende „Deutsche Buchausstellung Berlin 1947" etwa hatte gezeigt, dass Berlin zu diesem Zeitpunkt noch nicht als Verlagsstandort ins Hintertreffen geraten war.[4] Cram verschloss jedoch keineswegs die Augen vor der Realität. Noch vor Beginn der Berlin-Blockade verabredete er mit seinem in Mainz studierenden Sohn Kurt-Georg, dieser solle für den Fall, dass „der eiserne Vorhang hermetisch geschlossen werden sollte", die im Westen stattfindende Produktion fortführen sowie die Vorräte übernehmen.[5]

Nach dem Beginn der Blockade blieb der Verlag Walter de Gruyter nicht untätig. Am 4. August 1948 beantragte er die Errichtung einer unselbstständigen Niederlassung zur Erzeugung und zum Vertrieb wissenschaftlicher Bücher im hessischen Gelnhausen.[6] Am 20. Oktober 1948 konnte der vorläufige Leiter Arthur L. Sellier nach Berlin melden, dass die Zweigniederlassung genehmigt worden war. Sellier machte sich Hoffnungen, sie würde sich zu einem Stützpunkt des Verlags im Westen entwickeln, zumal die Berlin-Blockade die politische Situation der Stadt dramatisch verschärft hatte.[7] Herbert Cram sah die Situation aber – wie in der Korrespondenz mit Ernst Herrmann – anders:

---

[3] Herbert Cram an Ernst Herrmann, 27.10.1948, Stabi Dep. 42,352.

[4] Vgl. dazu Hartmut Reith, Das Berliner Verlagswesen in der Nachkriegszeit, in: Eine Kulturmetropole wird geteilt. Literarisches Leben in Berlin (West) 1945 bis 1961, Berlin 2000, S. 117–127, hier S. 120.

[5] Herbert Cram an Arthur L. Sellier, 7.4.1948, Stabi Dep. 42,342.

[6] Verlag Walter de Gruyter an den Herrn Regierungspräsidenten in Wiesbaden, 4.8.1948, Stabi Dep. 42,342.

[7] Arthur L. Sellier an Herbert Cram, 20.10.1948, Stabi Dep. 42,342.

Geschäftsltg. Cr/Se.

8.Oktober 48

Lieber Herr Sellier!

Ihre verschiedenen Zeilen vom 28.9., 3. und 5.10. sind hier eingegangen und werden von den einzelnen Abteilungen bearbeitet.

Sie scheinen im Westen doch sehr in Sorge zu sein, dass die Brücke nach dem Osten abbricht, während wir im Osten auch bei Verschärfung der politischen Verhältnisse immer nach Wegen suchen werden, um auch eine zeitweise unterbrochene Verbindung nach dem Westen wieder aufnehmen zu können. Wir sollen in unseren Planungen nicht übereilt handeln und die Arbeit in Mailer sich ganz systematisch entwickeln lassen. Wenn wir jetzt alle Matern und Filme von Werken, die wir herstellen wollen, nach dem Westen schicken, setzen wir uns erstens der Gefahr des Verlustes auf dem Transport aus und nehmen uns zweitens die Möglichkeit der Produktion im Osten. Das ist nicht möglich, da wir diese solange nötig haben, als wir Bücher nach dem Osten absetzen und das ist unsere verdammte Pflicht und Schuldigkeit unseren Volksgenossen gegenüber, die in dieser Zone leben. Die Verantwortung für andere Entscheidungen müssen andere Menschen übernehmen, die sich dafür einst vor dem deutschen Volk verantworten müssen; ich werde mich freiwillig dazu nicht hergeben.

Akutes Material hat mein Sohn heute mit herübergenommen und wir Ihnen berichten. Solange Ihre Frau die schriftlichen Arbeiten für uns übernehmen kann, bin ich selbstverständlich damit einverstanden, dass sie eine entsprechende Vergütung

Schreiben Herbert Crams an Arthur Sellier, in dem er seine Verantwortung gegenüber den Deutschen, die in der sowjetischen Besatzungszone lebten, betont, 8.10.1948, Stabi Dep. 42,342

Sie scheinen im Westen doch sehr in Sorge zu sein, dass die Brücke nach dem Osten abbricht, während wir im Osten auch bei Verschärfung der politischen Verhältnisse immer nach Wegen suchen werden, um auch eine zeitweise unterbrochene Verbindung nach dem Westen wieder aufnehmen zu können. Wir sollen in unseren Planungen nicht übereilt handeln und die Arbeit in Hailer[8] sich ganz systematisch entwickeln lassen. Wenn wir jetzt alle Matern und Filme von Werken, die wir herstellen wollen, nach dem Westen schicken, setzen wir uns erstens der Gefahr des Verlustes auf dem Transport aus und nehmen uns zweitens die Möglichkeit der Produktion im Osten. Das ist nicht möglich, da wir diese solange nötig haben, als wir Bücher nach dem Osten absetzen.

Neben diesen pragmatischen Argumenten wurde Cram aber auch sehr grundsätzlich: „Das ist unsere verdammte Pflicht und Schuldigkeit unseren Volksgenossen gegenüber, die in dieser Zone leben. Die Verantwortung für andere Entscheidungen müssen andere Menschen übernehmen, die sich dafür einst vor dem deutschen Volk verantworten müssen; ich werde mich freiwillig dazu nicht hergeben."[9]

Am 31. Dezember 1948 schloss die Firma Walter de Gruyter & Co., Gelnhausen, mit der offenen Handelsgesellschaft Sidol-Werke Siegel & Co., Gelnhausen, einen Mietvertrag. De Gruyter mietete im Herzbachweg 2 in Gelnhausen zwei Büro- und fünf Lagerräume. Für De Gruyter zeichnete Arthur L. Sellier.[10] Die Zweigniederlassung hatte am 28. Februar 1949 drei Mitarbeiter: Hermann Breithaupt als Hersteller, Magdalene Jesche als Sekretärin und Alexander Ruhl als vorübergehende Hilfskraft. Verantwortlich für die Zweigstelle waren Arthur Sellier und Kurt-Georg Cram.[11] Der Verlag hielt sich also ein Hintertürchen offen, falls Berlin tatsächlich als Standort aufgegeben werden musste; nachhaltige Anstrengungen zu einem Neubeginn im Westen Deutschlands gab es jedoch nicht.

Am 12. Mai 1949 hielt das Protokoll der Verlagskonferenz, in das in aller Regel keinerlei Kommentare zur politischen Lage Eingang fanden, fest: Tag der Blockadeaufhebung, doppelt unterstrichen.[12]

Die Verlagsleitung schloss an diesem Tag den Betrieb um 15 Uhr, um den Mitarbeiterinnen und Mitarbeitern die Teilnahme an der Kundgebung auf dem Rudolph-Wilde-Platz in Schöneberg (heute John-F.-Kennedy-Platz) zu ermöglichen, auf dem sich die Bevölkerung

---

[8] Stadtteil von Gelnhausen.

[9] Herbert Cram an Arthur L. Sellier, 8.10.1948, Stabi Dep. 42,342.

[10] Mietvertrag, 31.12.1948, Stabi Dep. 42,342.

[11] Sellier, Betr.: Personal der Zweigniederlassung, 28.2.1949, Stabi Dep. 42,342.

[12] Protokoll der Verlagskonferenz, 12.5.1949, Stabi Dep. 42,519.

Protokoll der Verlagskonferenz vom 12. Mai 1949, dem Tag, an dem die
Berlin-Blockade endete, Stabi Dep. 42,519

U m l a u f .

Der morgige Tag, der die Aufhebung der Blockade bringen soll, wird,
wie aus Pressenotizen hervorgeht, die arbeitende Bevölkerung Berlins auf einer
Kundgebung auf dem Rudolf-Wilde-Platz in Schöneberg sehen.
Um auch unsererseits unsere Freude an der Aufhebung der Blockade
zum Ausdruck zu bringen, wollen wir uns ebenfalls an dieser Kundgebung beteiligen.
Der Betrieb wird daher um 15 Uhr geschlossen und die Mitarbeiter können dann von
hier aus zum Kundgebungsplatz gehen.
Aus Anlass dieses Ereignisses erhält jeder Mitarbeiter 1/2 Pfund
Fett aus unserem Exportbonus.

12.5.49

Umlauf anlässlich der Aufhebung der Berlin-Blockade, 12.5.1949, Stabi Dep. 42,521

vereinen sollte. Aus Anlass der Beendigung der Blockade erhielt jeder Mitarbeiter ½ Pfund Fett aus dem Exportbonus.[13]

Trotz aller politischen Schwierigkeiten in Berlin finden sich in der Verlagskorrespondenz auch für die folgenden Jahre keine Hinweise, dass ernsthaft darüber nachgedacht worden wäre, den Firmensitz in die Bundesrepublik zu verlegen. Symptomatisch für diese Haltung ist der Verlauf der Verlagskonferenz Mitte August 1951, die sich mit der Überlegung befasste, größere Buchbestände nach Westdeutschland zu schaffen. Man betrachtete dieses Thema „z. Zt. als nicht dringlich", beschloss aber, „kleinere Posten von Fall zu Fall" nach Frankfurt und Hamburg zu verlagern.[14]

Der Leiter der Gelnhausener Dependance, Arthur L. Sellier, sah das anders und drängte Herbert Cram in den 1950er-Jahren immer wieder zu einem stärkeren Engagement in der Bundesrepublik. Er mahnte, das Lager in Frankfurt am Main sorgfältig zu pflegen, weil nur von dort aus Bestellungen zeitnah bedient werden konnten. Die Sortimenter würden ihren Kunden empfehlen, Konkurrenzwerke zu bestellen, weil die Lieferung aus Berlin deutlich mehr Zeit in Anspruch nahm, was den Verlag finanziell schädigte. Zudem betonte Sellier die schwierige politische Lage Berlins, die es aus seiner Sicht erforderlich machte, mindestens für drei Monate Lagerbestände im Westen vorrätig zu haben.[15] Für die drei westlichen Stadtsektoren galt zudem bis 15. Januar 1952 der Lizenzzwang, der im Bundesgebiet am 21. September 1949 aufgehoben worden war, nachdem das Besatzungsstatut in Kraft getreten war.[16]

Herbert Cram hielt aber nicht nur am Standort Berlin fest, sondern bis Ende 1950 auch an der Leipziger Zweigniederlassung, die die in Leipzig befindlichen Bücher des Verlags verwaltete. Dabei handelte es sich großteils um Bücher, die vor 1945 erschienen waren. Von Leipzig aus belieferte der Verlag auch die sowjetische Besatzungszone. Ende 1950 schränkten die sowjetischen Behörden den privaten interzonalen Geschäftsverkehr ein, woraufhin De Gruyter die Zweigniederlassung auflöste. Johann Tenzer, der diese bis dahin geleitet hatte, gründete ein eigenes Unternehmen und übernahm vorübergehend die Aufgaben.[17]

Wohl aus finanziellen Gründen ließ De Gruyter auch nach der Berlin-Blockade in der DDR Bücher und Zeitschriften herstellen, was sich aber zusehends schwieriger gestaltete. Ein Beispiel ist die *Zeitschrift für*

---

[13] Umlauf, 12.5.1949, Stabi Dep. 42,521.

[14] Protokoll der Verlagskonferenz vom 16.8.1951, Stabi Dep. 42,519.

[15] Mehrere Schreiben in Stabi Dep. 42,342.

[16] Götze, Springer-Verlag, S. 4.

[17] Bericht des Betriebsprüfers Adam, Finanzamt Tiergarten, über die Betriebsprüfung, 20.10.1954, Stabi Dep. 42,453.

systematische Theologie, die seit 1936 im Verlag Walter de Gruyter erschien und von Carl Stange herausgegeben wurde.[18] Im Februar 1950 erschien die erste, in der DDR produzierte Nachkriegsausgabe. Die Schwierigkeit lag – neben der dringend benötigten Druckkostenzuschüsse – darin, dass die Hefte fertig in der Leipziger Druckerei lagen und der Verlag zu lange auf ihre Ausfuhr warten musste.[19] Heft 2 etwa befand sich seit August 1950 in der Leipziger Druckerei, und noch im April 1951 musste Cram den Herausgeber Stange vertrösten, dass es „trotz dauernder Verhandlungen mit den Behörden der DDR noch nicht gelungen" war, „die benötigten Genehmigungen zur Herführung des Heftes nach hier zu bekommen. [...] Diese Verzögerung ist auf die schwankenden Interzonenverhandlungen zurückzuführen, die ja auch noch nicht zu einem Abschluss gekommen sind."[20] Bereits im Januar hatte Cram Stange das Problem geschildert:

Da wir von der betreffenden Stelle der DDR bisher noch keine Ausfuhrgenehmigung erhalten haben, konnten wir die Auslieferung desselben auch noch nicht vornehmen. Wir bekommen laufend Reklamationen und die Verzögerung ist uns äußerst peinlich, aber gegen die Verwaltungsstellen der DDR, die teilweise noch russischer sind als die Russen selbst, kommen wir eben nicht an und müssen uns mit Vertröstungen zufrieden geben. Trotzdem gebe ich die Hoffnung nicht auf, daß, nachdem nun das Interzonenabkommen verlängert worden ist, wir doch bald in den Besitz der Hefte kommen werden.[21]

Als der in Ost-Berlin ansässige Kulturelle Beirat, der für Papierzuteilungen und Druckgenehmigungen zuständig war, aber auch alle Manuskripte vor Erscheinen zensierte, mehrere Aufsätze für die Hefte 3 und 4 des Jahres 1951 ablehnte, zog Herbert Cram Konsequenzen. Fortan wollte er die Zeitschrift nicht mehr in Leipzig herstellen, sondern in der eigenen Setzerei setzen und dann in einer Westberliner Druckerei drucken lassen.[22] Ende 1951 schrieb Cram an Carl Stange, er hoffe, „daß nunmehr die ‚Systematische' durch die Lieferung aus der Ostzone in Gang gekommen ist und ihr Erscheinen fortsetzen kann".[23] Die Zeitschrift erscheint bis heute im Verlag Walter de Gruyter, von 1957 an als *Neue Zeitschrift für systematische Theologie* und seit 1963 als *Neue Zeitschrift für systematische Theologie und Religionsphilosophie*.

Der August 1961 veränderte die Lage in Berlin dramatisch. Mit dem Bau der Mauer war die Trennung der Stadt besiegelt. Neben den langfristigen Konsequenzen hatte dies zur Folge, dass über Nacht etwa ein Drittel der damals

---

[18] Vgl. Königseder, Walter de Gruyter, S. 255 ff.

[19] Alfred Töpelmann an Prof. Dr. Carl Stange, 13.3.1951, Stabi Dep. 42,101 (3).

[20] Alfred Töpelmann an Prof. Dr. Hans Schmidt, 17.4.1951, Stabi Dep. 42,101 (3).

[21] Herbert Cram an Prof. Dr. Carl Stange, 9.1.1951, Stabi Dep. 42,101 (3).

[22] Herbert Cram an Prof. Dr. Carl Stange, 4.10.1951, Stabi Dep. 42,101 (3).

[23] Herbert Cram an Prof. Dr. Carl Stange, 28.12.1951, Stabi Dep. 42,101 (3).

124 Mitarbeiter der Druckerei nicht mehr zur Arbeit erscheinen konnte.[24] Aber sowohl Herbert Cram als auch sein mittlerweile in die Geschäftsleitung aufgenommener Sohn Kurt-Georg hielten am Verlagsstandort Berlin unbeirrt fest.[25]

Drei Tage nach dem Beginn des Mauerbaus ließ Herbert Cram einen Umlauf aushängen. „Anlässlich der großen Kundgebung am Schöneberger Rathaus versammeln sich alle Betriebsangehörigen des Verlages Walter de Gruyter &. Co. kurz nach 15 Uhr vor dem Verlagsgebäude. Wir marschieren geschlossen zum Rudolph-Wilde-Platz, um dadurch unseren einmütigen Abwehrwillen gegen Panzer und Maschinengewehre, die auf friedliebende Berliner Bürger gerichtet sind, zum Ausdruck zu bringen. Gleichzeitig demonstrieren wir gegen die Versklavung von 16 Millionen Deutschen in der Zone. Die Beteiligung ist freiwillig.“[26]

Spätestens seit dem Bau der Berliner Mauer unterstützte der Verlag mindestens dreimal jährlich den Paketversand in die „Ostzone“ und nach Ostberlin: zu Ostern, im Sommer und zu Weihnachten. Begünstigt wurden ehemalige Mitarbeiterinnen und Mitarbeiter des Verlags und des Technischen Betriebs, die nun in der DDR lebten. Die Pakete sollten einen Wert von etwa 20 DM haben; diese Summe erstattete der Verlag bei Vorlage der Quittung den Spendern. Weihnachten 1966 sollte ein „Ostpaket“ folgenden Inhalt haben: 250 g Butter, 250 g Margarine, 250 g Kaffee, 125 g Kakao, 1 Tafel Schokolade, 1 Marzipanbrot, 1 mal Schokoladenherzen, 3 Zitronen, 3 Apfelsinen, 1 mal Zitronat, 1 Packung Rosinen, 1 Packung süße Mandeln, 1 Päckchen Zigaretten, 1 Schmelzkäse und 1 Dauerwurst. Die Empfänger schickten zum Teil rührende Dankesschreiben, wie etwa Alexander Henschel im März 1964, nachdem er ein Osterpaket empfangen hatte:

Beim Auspacken eines solchen Paketes wird einem sehr wehmütig. Es sind immer Dinge dabei, die wir nur noch vom Hörensagen kennen. Butter z. B. gibt es pro Kopf nur ½ Pfd. in der Woche, die Apfelsinen (überhaupt Obst) sind seit dem 5. Jan. ds. Jrs. auch nicht mehr zu sehen. Und dann die Sachen alle in so schönes Osterpapier eingewickelt. Das wird sorgfältig geglättet, gebügelt und findet immer noch seine Verwendung, und ruft dann stets ein Ah und Oh hervor, wenn man etwas darin weitergibt.[27]

Der Bau der Mauer und die Abriegelung der Ostblock-Staaten brachten den Absatz in diese Länder, der bereits in den letzten Jahren stark geschrumpft war, nahezu zum Erliegen. De Gruyter setzte seine Bücher vor allem in der

---

[24] Lubasch, De Gruyter 1945 bis 1989, S. 351.
[25] Interview mit Gisela Cram, 18.11.2019.
[26] Umlauf, gez. Herbert Cram, 16.8.1961, Stabi Dep. 42,477.
[27] Unterlagen über die Versendung der „Ostpakete“ 1964–1966 in Stabi Dep. 42,488.

Bundesrepublik Deutschland ab.[28] Eine Orientierung ins westliche Ausland, die mit einer Zunahme von englischsprachigen Publikationen einherging, nahm jedoch erst nach dem Tod von Herbert Cram 1967 an Schwung auf.

[28] Lubasch, De Gruyter 1945 bis 1989, S. 351 f.

Wirtschaftliche Entwicklungen

„Uns geht es allen recht gut hier. Der Verlag erlebt trotz des Krieges einen nicht vorher geahnten Aufstieg", so brachte Herbert Cram die glänzenden Geschäfte von De Gruyter im Juli 1941 auf den Punkt.[1] Der Aufschwung während der NS-Herrschaft ging zwar nicht unwesentlich auf eine reduzierte Titelzahl und Lagerausverkäufe zurück, schlug sich jedoch in einer deutlichen Steigerung von Umsatz, Liquidität und Gewinn nieder.[2]

Das änderte sich mit dem Kriegsende im Mai 1945. Der Umsatz brach ein und erreichte 1946 mit 607.000 RM den niedrigsten Stand.[3] Die Bilanz des Jahres 1946 wies einen Verlust von 116.581,18 RM aus, der in erster Linie durch die erforderliche Zahlung der laufenden Gehälter und Löhne sowie durch Abschreibungen an Gebäuden, Beteiligungen und an der Druckerei in Trebbin verursacht war.[4] Die Produktion war nahezu zum Erliegen gekommen; lediglich sechs kleinere Werke, „für welche die Vorarbeiten bereits in Trebbin geleistet waren und bei denen der Stehsatz von den Druckern in Trebbin unter Inschachhaltung der russischen Wachen nächtlich aus der Druckerei herausgeholt und nach Berlin geschafft wurde", konnten veröffentlicht werden.[5] Im Wesentlichen finanzierte sich der Verlag zu diesem Zeitpunkt durch Lagerausverkäufe.

Herbert Cram sah sich in dieser Situation mit Forderungen seiner Schwägerin Ellen Meier konfrontiert. Letztere war der Meinung, dass der Verlag „durch den Krieg wohl nicht übermäßig gelitten hat und daher zu Dividendenzahlungen auch in den nächsten Jahren in angemessener Höhe in der Lage ist". Cram tauschte sich im Sommer 1946 mit seinem Sohn Kurt-Georg wegen dieses Konflikts aus: „Den Krieg haben wir allerdings merkwürdig gut überstanden, nicht so den Zusammenbruch und die Nachzeit." Es mussten Abschreibungen in Höhe von 1.271.000 RM für eingefrorene Kredite, Auslandsforderungen, Forderungen an das Reichs-

---

[1] Herbert Cram an Werner Jaeger, 19.7.1941, Stabi Dep. 42, K 218, M 5.
[2] Vgl. Königseder, Walter de Gruyter, S. 168 ff.
[3] Bericht des Wirtschaftsprüfers Erich Barthelmes, Stabi Dep. 42,440.
[4] Geschäftsbericht über die Geschäftsjahre 1944–1947, Stabi Dep. 42,425.
[5] Ebenda.

luftfahrtministerium, Vorschüsse an Autoren, die ihre Verträge nicht mehr erfüllen konnten, für die Beteiligung am Schweitzer und am Technischen Verlag, für das Hypotheken-Abgeltungskonto, Papierkonto und angefangene Werke, die nicht mehr genehmigt wurden, vorgenommen werden.

Addiere ich hierzu den bereits bestehenden Verlust von Rm. 176.000.–, ergibt sich ein Gesamtverlust von Rm. 1.447.000.– bei einem Kapital von Rm. 1.606.000.–. [...] Aus diesen Zahlen magst Du ersehen, dass die Lage bei de Gruyter sehr ernst ist und ich in mancher Beziehung eisern und rücksichtslos vorgehen muss, wenn ich die Situation retten will. Die Gesellschafter müssen über diese Lage aufgeklärt werden und sich darauf einstellen, dass es keine Milchkuh de Gruyter mehr gibt, die man jahrelang misshandeln und anzapfen kann und erwartet, dass sie immer noch Milch gibt.[6]

1947 stieg der Umsatz auf 988.000 RM,[7] und der Verlust konnte im Vergleich zum Vorjahr halbiert werden. Die Bilanz wies einen Verlust von 63.309,51 RM aus. Zurückzuführen war er auf die unrentable Produktion, die hohen Unkosten und die Abschreibung auf Grundbesitz. In diesem Jahr veröffentlichte De Gruyter 42 Werke, „deren Ausstattung allerdings sehr zeitbedingt war". Der Mangel an Büchern in Deutschland war aber so groß, dass sie trotz unzureichender Qualität abgesetzt werden konnten. Insbesondere die Papierbeschaffung und die fehlenden Druckmöglichkeiten bereiteten Probleme.[8]

   Auch 1948 beförderten noch die Lagerausverkäufe den Umsatz wesentlich. Bis zur Währungsreform im Juni 1948 hatten die liquiden Mittel deshalb „wieder eine ansehnliche Höhe erreicht"; außerdem waren 40 Werke publiziert worden. Die Produktionsbedingungen gestalteten sich aber weiterhin schwierig: Zum Teil gingen die Publikationen auf die noch vorhandenen Stehsätze in Trebbin zurück.[9] Bis zur Währungsreform war der Umsatz jedoch auf 1.145.000 RM gestiegen, hatte sich also im Vergleich zum Vorjahr mehr als verdoppelt.[10]

   Nach der Währungsreform im Juni 1948 fassten viele Verlagshäuser in den westlichen Besatzungszonen – wie C. H. Beck in München – wieder Tritt und konsolidierten sich wirtschaftlich.[11] Ganz anders war die Situation in Berlin: Die Währungsreform wurde in West-Berlin verzögert umgesetzt, was zur Folge hatte, dass in der Stadt zwei Währungen als Zahlungsmittel (Ostmark und speziell gekennzeichnete DM) akzeptiert wurden. Für die Unternehmen war damit eine große Unsicherheit verbunden. Herbert Cram vertraute

---

   [6] Herbert Cram an Kurt-Georg Cram, 7.6.1946, Stabi Dep. 42,352.
   [7] Bericht des Wirtschaftsprüfers Erich Barthelmes, Stabi Dep. 42,440.
   [8] Geschäftsbericht über die Geschäftsjahre 1944–1947, Stabi Dep. 42,425.
   [9] Ebenda.
   [10] Bericht des Wirtschaftsprüfers Erich Barthelmes, Stabi Dep. 42,440.
   [11] Rebenich, C. H. Beck, S. 440, 515.

Richard Friederichsen in Hamburg an: „Die Markumwertung hat mir doch mächtig zugesetzt; es war eine ungeheuere Verantwortung, die auf mir lastete, die noch dadurch verstärkt wurde, dass wir hier in Berlin nicht nur von den Russen, sondern auch von den anderen Alliierten blockiert wurden."[12]

Die liquiden Mittel in Höhe von 400.000 RM standen nun nicht länger zur Disposition. Kurzzeitig gab es die Überlegung, ob die Produktion eingestellt und nur nach Bareingängen neue Aufträge erteilt werden sollten. Dies hätte jedoch zur Folge gehabt, dass ein erheblicher Teil der Angestellten und Drucker seinen Arbeitsplatz verloren hätte. Das Elend der Arbeitslosigkeit aus den Jahren 1932/33 noch deutlich vor Augen, „glaubten wir nicht, dass wir es verantworten könnten, diesen Weg zu beschreiten" – so der Geschäftsbericht.[13] In der Verlagsleitung blieb derselbe Optimismus, der ein Festhalten am Standort Berlin bestimmte, handlungsleitend: „Da wir mit der Ankurbelung der Wirtschaft nach der Währungsreform zuversichtlich rechneten, haben wir vielmehr die Aufträge weiterlaufen lassen und durch Anspannung des Verlags- und des Personalkredits bis zur äußersten zulässigen Grenze die Produktion vorangetrieben, haben sie auch noch aufrechterhalten durch die Zeit der Blockade."[14]

Von diesen staatsmännischen Überlegungen abgesehen, stellte sich aber nun für einen in Berlin ansässigen Verlag z. B. die Frage, in welcher Währung Honorare bezahlt werden sollten. Im Januar 1949 war dies Thema der Verlagskonferenz. Sie beschloss, dass Autoren aus der „Ostzone" in Ostmark, Autoren aus der „Westzone" in Westmark und Autoren aus Berlin zu einem Viertel in West- und drei Vierteln in Ostmark bezahlt werden sollten. Ausnahmen und „besondere Wünsche" sollten im Einzelfall geprüft werden.[15] Anfang 1950 legte das Entscheidungsgremium fest, in neu abzuschließenden Verträgen zu vereinbaren, „daß die Honorare nach Maßgabe des Umsatzes in beiden Währungen abgerechnet werden, da wir auch in zweierlei Währungen ausliefern. Falls die Autoren darauf nicht eingehen, sind wir bereit, auch die Ostmarkanteile in Westmark auszuzahlen, jedoch erst ½ Jahr nach der Abrechnung, um inzwischen die Ostmark durch Herstellung von Büchern gegen Ostmark und Verkauf nach Westmark in Westmark umwandeln zu können. Bei Bogenhonoraren können zunächst nur ¾ in Westmark gezahlt werden."[16]

Zudem hatte De Gruyter 1948/49 – wie alle in Berlin ansässigen Firmen – mit den massiven Auswirkungen der sowjetischen Berlin-Blockade und der Insellage der Stadt zu kämpfen.

---

[12] Herbert Cram an Friedrichsen, 6.9.1948, Stabi Dep. 42,426.
[13] Geschäftsbericht über die Geschäftsjahre 1944–1947, Stabi Dep. 42,425.
[14] Ebenda.
[15] Protokoll der Verlagskonferenz vom 7.1.1949, Stabi Dep. 42,371.
[16] Protokoll der Verlagskonferenz vom 26.1.1950, Stabi Dep. 42,519.

Die im Geschäftsbericht aufgelisteten Umsatzzahlen von April 1949 bis
März 1950 bestätigten die positive Tendenz in der Unternehmensentwick-
lung nach dem Ende der Blockade:

April 1949	DM-West 105.654	DM-Ost 86.242
Mai 1949	DM-West 100.721	DM-Ost 64.937
Juni 1949	DM-West 97.916	DM-Ost 93.716
Juli 1949	DM-West 130.710	DM-Ost 68.994
August 1949	DM-West 95.482	DM-Ost 6.004
September 1949	DM-West 89.182	DM-Ost 48.141
Oktober 1949	DM-West 135.011	DM-Ost 56.011
November 1949	DM-West 151.463	DM-Ost 64.861
Dezember 1949	DM-West 165.524	DM-Ost 54.962
Januar 1950	DM-West 192.821	DM-Ost 63.472
Februar 1950	DM-West 236.348	DM-Ost 52.904
März 1950	etwa DM-West 280.000	DM-Ost 70.000[17]

Der Umsatz mit der SBZ/DDR im Verhältnis 1 Westmark gleich 1 Ostmark
war mit den zuständigen Behörden abgestimmt; diese Beträge wurden zur
Produktion im Ostteil eingesetzt. Der Verlag versprach sich davon eine Ent-
spannung in der DM-Bilanz.[18]

Aber der wirtschaftliche Aufschwung vollzog sich nur langsam. Noch
Ende 1951 geht aus der Korrespondenz Herbert Crams mit dem langjährigen
Verlagsautoren Prof. Carl Stange deutlich hervor, in welch schwieriger Lage
sich De Gruyter auch sechseinhalb Jahre nach Kriegsende noch befand:

Was unsere verlegerische Tätigkeit anbetrifft, so sind wir durch die wirtschaftlichen
Verhältnisse sehr stark in unserer Entschließungsfreiheit gehemmt. Sehr viele wichtige
Veröffentlichungen müssen liegenbleiben, obgleich wir überzeugt sind, daß ihr Erscheinen wichtig und für den Verlag auch nützlich wäre. Durch die Kreditpolitik
der Banken sind wir aber zur Einschränkung unserer Produktion auch weiterhin
gezwungen. Wir können nur hoffen, daß das Jahr 1952 uns in dieser Beziehung auf-
wärts führt, sodaß wir unsere Freiheit wiedergewinnen.[19]

Der Export ins Ausland erreichte zwar 1951 wieder die Höhe wie vor dem
Krieg. Insgesamt machte De Gruyter 1951 jedoch noch Verluste, was der
Verlag mit den schwierigen Verhältnissen in der Berliner Wirtschaft erklärte.
Genannt wurden die Berlin-Blockade, die zögerliche Währungsumstellung
und die Tatsache, dass die Inanspruchnahme von Krediten aus dem Mar-
shall-Plan in Berlin erst 1950 (Investitionsmittel) bzw. 1952 (Betriebsmittel)
möglich war.[20]

---

17 Geschäftsbericht über die Geschäftsjahre 1944–1947, Stabi Dep. 42,425.
18 Ebenda.
19 Herbert Cram an Prof. Dr. Carl Stange, 28.12.1951, Stabi Dep. 42,101 (3).
20 Bericht für die Berliner Industriebank, 21.9.1953, Stabi Dep. 42,480.

Ende 1952 sah Herbert Cram optimistischer in die Zukunft. In seinem Weihnachtsbrief an Arthur L. Sellier schrieb er: „Wir Berliner werden auch diesmal gelöst und froh sein können, da wir doch den Hauptteil der alten Sorgen hinter uns haben."[21] Der Verlag erreichte aller Voraussicht nach im letzten Quartal 1952 900.000 Mark Umsatz und damit eine nennenswerte Entschuldung. Ein bewilligter Kredit von 500.000 DM sollte Berliner Schulden abdecken und Luft verschaffen, um im kommenden Jahr „freier und rentabler disponieren zu können".[22]

Deutlich wurde dies auch an der Entwicklung der Mitarbeiterzahlen: 1945 beliefen sie sich auf 40, 1948 auf 57, 1949 auf 105, 1950 auf 110, 1951 auf 146 und Ende Mai 1952 auf 156 (davon 106 Angestellte, 40 Setzer, 10 Packer und gewöhnliche Arbeiter).[23]

1958/59 plante der Verlag den Neubau einer Druckerei als Ersatz für Trebbin. Bis dahin wurde im Verlagshaus gedruckt. Dafür gewährte die Wohnungsbau-Kreditgesellschaft einen sogenannten 30/70er Kredit in Höhe von 510.000 DM. Neben der Eigenbeteiligung fehlte dann noch eine Million DM, die die Bayerische Hypothekenbank bereits bewilligt hatte, diesen Betrag aber „offensichtlich unter dem Druck der politischen Verhältnisse in Berlin" um 300.000 DM kürzte. Als Begründung nannte die Bank, „daß die von der Berliner Industriebank kreditierten neuen Maschinen aus der hypothekarischen Sicherheit herausgenommen seien". Cram befürchtete im Februar 1959, die Bayerische Hypothekenbank suche nach einem Vorwand, um ihre Kreditzusage wegen der Zuspitzung der politischen Lage in Berlin zurückzuziehen.[24] 1960 konnte aber das Druckhaus gebaut werden.

In der zweiten Hälfte der 1950er-Jahre und in den 1960er-Jahren steigerte der Verlag seinen Umsatz weiter. 1957 wurden 4.102.500 DM, 1958: 4.837.500 DM[25], 1959: 5.598.300 DM[26], 1960: 6.182.900 DM, 1961: 6.997.500 DM[27],

---

[21] Herbert Cram an Arthur L. Sellier, 23.12.1952, Stabi Dep. 42,342.

[22] Herbert Cram an Arthur S. Sellier, 28.11.1952, Stabi Dep. 42,342.

[23] Walter de Gruyter, Angaben zu den Bilanzen, Stabi Dep. 42,433.

[24] Herbert Cram an Herrn Senatsdirektor Busack, Abteilung Wirtschaft und Kredit, 11.2.1959, Stabi Dep. 42,442.

[25] Kurzbericht des Dipl.-Ing. Erich Barthelmes, Wirtschaftsprüfer, über den vorläufigen Status zum 30. Juni 1959 der Firma Walter de Gruyter & Co., 15.11.1959, Stabi Dep. 42,473 (2).

[26] Kurzbericht des Dipl.-Ing. Erich Barthelmes, Wirtschaftsprüfer, über den vorläufigen Status zum 30. Juni 1960 der Firma Walter de Gruyter & Co., 8.11.1960, Stabi Dep. 42,473 (1).

[27] Kurzbericht des Dipl.-Ing. Erich Barthelmes, Wirtschaftsprüfer, über den vorläufigen Status zum 30. September 1962 der Firma Walter de Gruyter & Co., 29.12.1962, Stabi Dep. 42,473 (1).

1962: 7.073.200 DM[28], 1963: 7.438.700 DM[29], 1964: 8.983.300 DM[30] und
1965: 9.766.200 DM[31] erzielt. Die umsatzstärksten Abteilungen waren 1960
und 1961 mit großem Abstand Veit (1960: 2.275.100 DM, 1961: 2.269.400 DM)
und Guttentag (1960: 1.242.900 DM, 1961: 1.224.600 DM). Als stabile Säule
erwies sich der wachsende Exportumsatz, der 1961 1.573.000 DM betrug.
Der Umsatz mit den Ostblockstaaten entwickelte sich hingegen rückläufig,
von 303.000 DM im Jahr 1960 auf 251.000 DM im Jahr 1961. 1961 erwirtschaftete der Verlag einen Jahresgewinn von 821.000 DM, aus dem eine
27-prozentige Dividende auf das Nominalkapital verteilt werden sollte.[32]

1962 richtete sich dem Bericht des Wirtschaftsprüfers zufolge die Auf-
merksamkeit der Verlagsleitung auf eine Rationalisierung des Geschäfts-
betriebs, nachdem in den vergangenen Jahren der weitere Ausbau des Unternehmens und „eine vermehrte verlegerische Tätigkeit" im Mittelpunkt
gestanden hatten. Der Verlag erwirtschaftete einen Gewinn von 519.700 DM,
aus dem nach Abzug der Vergütung an die Komplementäre eine 26-prozentige
Dividende auf das Nominalkapital verteilt werden sollte.[33] Am 30. Juni 1962
hatte der Verlag 281 Mitarbeiter.[34]

Dieser verzögerte wirtschaftliche Aufschwung stand in engem Zusammenhang mit dem Festhalten am schwierigen Standort Berlin und dem gleich-
zeitigen Verharren an den tradierten Verlagsstrukturen und -programmen.
Beides ist untrennbar mit dem Verlagschef Herbert Cram verbunden, der
De Gruyter von 1923 bis 1967 über alle politischen Umbrüche hinweg mit
seinem patriarchalischen Führungsstil prägte. So wenig Cram bereit war, sich
geografisch national oder gar international neu zu orientieren, so wenig war

---

[28] Kurzbericht des Dipl.-Ing. Erich Barthelmes, Wirtschaftsprüfer, über den vorläufigen Status zum 31. Dezember 1962 der Firma Walter de Gruyter & Co., 29.4.1963, Stabi
Dep. 42,473 (1).

[29] Bericht des Dipl.-Ing. Erich Barthelmes, Wirtschaftsprüfer, über den vorläufigen
Status zum 30. September 1963 der Firma Walter de Gruyter & Co., 31.1.1964, Stabi Dep.
42,473 (1).

[30] Kurzbericht des Dipl.-Ing. Erich Barthelmes, Wirtschaftsprüfer, über die vorläufige
Bilanz zum 31. Dezember 1964 der Firma Walter de Gruyter & Co., 18.5.1965, Stabi Dep.
42,492.

[31] Kurzbericht des Dipl.-Ing. Erich Barthelmes, Wirtschaftsprüfer, über die vorläufige
Bilanz zum 30. September 1965 der Firma Walter de Gruyter & Co., 14.2.1966, Stabi Dep.
42,492.

[32] Bericht des Wirtschaftsprüfers Erich Barthelmes über die vorgenommene Prüfung
des Abschlusses zum 31. Dezember 1961, Stabi Dep. 42,490.

[33] Bericht des Wirtschaftsprüfers Erich Barthelmes über die vorgenommene Prüfung
des Abschlusses zum 31. Dezember 1962, Stabi Dep. 42,491.

[34] Kurzbericht des Dipl.-Ing. Erich Barthelmes, Wirtschaftsprüfer, über den vorläufigen Status zum 30. September 1962 der Firma Walter de Gruyter & Co., 29.12.1962, Stabi
Dep. 42,473 (1).

er offen gegenüber neuen Wissenschaften, die sich – wie etwa die Soziologie – im angloamerikanischen Raum entwickelten. Seine Vorstellungen von einem wissenschaftlichen Universalverlag verblieben traditionell, deutsch-konservativ geprägt. Crams schwieriger, autoritärer Charakter, der allen Veränderungen im Prinzip ablehnend gegenüberstand, wird unter anderem in den familiären Auseinandersetzungen zu Beginn der 1950er-Jahre deutlich.

Familiäre Konflikte

Neben den schwierigen politischen Bedingungen erschütterte ein familiärer Konflikt Anfang der 1950er-Jahre den Verlag Walter de Gruyter in seinen Grundfesten. Er hatte direkte Auswirkungen auf die weitere Entwicklung des Verlags, weil er die Kräfte Herbert Crams, ohne dessen Zustimmung kein nennenswertes Projekt im Hause de Gruyter auf den Weg gebracht wurde, über längere Zeit hinweg band.

Anfang 1950 beabsichtigten Crams Schwiegermutter Eugenie de Gruyter und ihre Tochter Ellen Meier, die jüngere Schwester von Crams Ehefrau Clara, im Verlag einen Beirat zu bestellen, der Herbert Crams Tätigkeit kontrollieren sollte.[1] Eugenie de Gruyter stützte sich dabei auf § 11 Abs. 2 des Gesellschaftsvertrags vom 8. November 1940 und benannte Mitte März 1950 den Rechtsanwalt Dr. Justus Koch und den Richter Dr. Wolfgang Sprenkmann als Beiratsmitglieder.[2]

Cram berief am darauffolgenden Tag für den 4. April 1950 eine Gesellschafterversammlung ein.[3] Schon in der Einladung fuhr er starke Geschütze auf: Er beantragte eine Änderung des Gesellschaftsvertrags durch Streichung des § 11 (Beirat) und des § 12 II Ziff. 2 (Beirat). Falls diesem Antrag nicht entsprochen würde, beabsichtige er, als persönlich haftender Gesellschafter zum Ende des Jahres auszuscheiden und die Stellung eines Kommanditisten einzunehmen. Als Erklärung fügte er hinzu: „Veranlassung zu meinem Antrag

---

[1] Arthur L. Sellier an Frau Dr. de Gruyter, 27.3.1950, Stabi Dep. 42,342.

[2] Eugenie de Gruyter geb. Müller an Firma Walter de Gruyter & Co. KG. Z. Hd. Herrn Herbert Cram, 16.3.1950, Stabi Dep. 42,425.

[3] 1950 umfasste die Liste der Gesellschafter bei einem Gesamtkapital von 1.606.000 DM folgende Personen: Eugenie de Gruyter geb. Müller DM 260.000, Ellen Meier verw. Crisolli geb. de Gruyter DM 270.000, Lili de Gruyter DM 300.000, Clara Cram geb. de Gruyter DM 251.000, Kurt-Georg Cram DM 45.000, Hannemarie Siebert geb. Cram DM 45.000, Ella-Anita Cram DM 45.000, John Walter Cram DM 40.000, Clara-Eugenie Cram DM 40.000, Margret Cram DM 40.000, Elsbeth Cram DM 40.000, Richard Crisolli DM 40.000, Erdmuthe Haffner geb. Meier DM 40.000, Gudula Meier DM 40.000, Michael Meier DM 40.000, Dr. Ulrich Schuchhardt DM 16.000, Dr. Herbert Cram DM 44.000, Dr. Wolfgang v. Staa DM 10.000. Liste der Gesellschafter mit ihren Beteiligungen, Stabi Dep. 42,425.

gibt das in Abschrift beiliegende Schreiben von Frau Eugenie de Gruyter geb. Müller. Ich fühle mich außerstande und bin nicht willens, die Verantwortung für die Geschäftsführung weiterhin zu tragen, wenn nach jahrzehntelanger sehr erfolgreicher und selbständiger Arbeit ein Kontrollorgan wieder aufleben soll, das das Produkt des Mißtrauens und des Streites gewesen ist. Wenn die Gesellschafter nicht das Vertrauen zu meiner Arbeit haben und glauben, daß ein anderer den Verlag erfolgreicher führen kann, mögen sie entsprechend beschließen und damit selbst die Verantwortung für die weiteren Geschicke des Verlages übernehmen."[4]

Aus einem Brief an Arthur Sellier, den Leiter der Gelnhausener Dependance, vom 23. März 1950 geht deutlich hervor, wie tief Cram dieses mangelnde Vertrauen in seine Person verletzte: „Ich habe ein solches Diktat nach 27jähriger erfolgreicher Tätigkeit der Familie als einen so großen Undank und Verletzung meiner persönlichen Stellung empfunden, daß ich daraufhin zum 4. April eine Gesellschafterversammlung berufen habe mit der Tagesordnung auf Streichung der Beiratsparagraphen."[5]

Herbert Cram hatte zwar bereits in der Einladung zur Gesellschafterversammlung offen mit Rücktritt gedroht, war aber keinesfalls bereit, das Feld kampflos zu räumen. Ein Teil der Strategie war offenbar, seine Schwägerin Ellen Meier bereits vor dem Treffen unter Druck zu setzen. Die Prokuristen Hermann Brill und Georg Kissel teilten ihr als Geschäftsleitung am 20. März 1950 mit, dass „durch das voraussichtliche Ausscheiden des Herrn Dr. Cram" als persönlicher haftender Gesellschafter „mit einer erheblichen Reduzierung unseres Kredites" zu rechnen sei. Deshalb waren sie bemüht, Außenstände einzutreiben, und machten sie „bereits vorsorglich darauf aufmerksam, daß der Verlag die bislang geleisteten freiwilligen Zahlungen von monatlich 500.– DM an das Finanzamt zur Deckung ihrer Steuerschulden unter Umständen einstellen mußte".[6]

Arthur Sellier, der Cram seit vielen Jahren freundschaftlich verbunden und einer der wenigen war, der es wagte, ihm unverblümt seine Meinung kundzutun, schätzte die Situation im Familienkonflikt völlig anders ein und schrieb Cram am 1. April 1950 nach einem Treffen mit Justus Koch einen an Deutlichkeit nichts zu wünschen übriglassenden Brief. Dieser gewährt nicht nur einen Einblick, wie heftig Cram auf die Pläne seiner Schwiegermutter und seiner Schwägerin reagierte, sondern auch in die Praxis seiner Verlagsführung:

---

[4] Einladung zur Gesellschafter-Versammlung, gez. Herbert Cram, per Einschreiben, 17.3.1950, Stabi Dep. 42,425.

[5] Herbert Cram an Arthur Sellier, 23.3.1950, Stabi Dep. 42,425.

[6] Geschäftsleitung, gez. Brill und Kissel, an Frau Dr. Meier, 20.3.1950, Stabi Dep. 42,425.

Dem Ergebnis der Besprechung muß ich einen erheblich beeinflußenden Umstand
vorausschicken, den ich Ihnen mit aller kameradschaftlichen Offenheit nicht vorent-
halten darf, zumal er die Voraussetzung zu einer Lösung in Ihrem Sinne nicht nur
beeinflußte, sondern so gut wie verhindert.

Sie haben in einem Anfall von Überreiztheit, nur so kann ich mir die Ursache
erklären, die Bezüge Ihrer Frau Schwägerin gesperrt, Sie haben dem DKV [Deutschen
Kunstverlag] den Kredit und die Unterstützung gekündigt und ferner Dr. Koch die
Verlagsverträge einseitig so gut wie zu annullieren versucht, letzteres allerdings ohne
rechtsgültige Unterschrift. Mit diesen drei Fehlreaktionen haben Sie sich absolut ins
Unrecht gesetzt, sowohl geschäftlich wie menschlich und weitere Gräben aufgerissen,
die nur Sie wieder ebnen können. [...] Sie haben in den 2 ersten Punkten vielleicht
vertragsrechtlich möglich, bestimmt aber „schäbig" gehandelt. [...]

Für mich steht es schon lange fest, daß Sie sich mit der Leitung des Riesen-
unternehmens eine Last aufgebürdet haben, die auch die stärksten Schultern nicht
bewältigen und dies in einer Zeit und unter Umständen, die ich nicht weiter zu
schildern brauche. Sie haben sich zu viel zugemutet! Bei Ihrer Eigenart vertragen Sie
in der Leitung der Geschäfte keinen anderen Willen neben dem Ihren, zumal Sie von
Natur mißtrauisch sind. [...] Dazu kommt, daß Sie nur sehr ungern den Rat anderer
hören, weil Sie zu sehr im eigenen Denken und im Verlaß auf Ihren dreimal ver-
fluchten Rechenschieber befangen sind. Sie drängen stets anderen Ihre Meinung auf,
wenn diese es sich gefallen lassen, und Sie sind gefürchtet von Kollegen und Ihren
leitenden Mitarbeitern. Sie scheinen keine Freunde zu haben, die es wagen Ihnen
offen die Wahrheit zu sagen. [...]

Es darf nicht geschehen, daß Sie die Firmen verlassen – unter keinen Umständen.
[...] Nehmen Sie doch die Hilfe an, die man Ihnen in dem Dreimännerkollegium,
bestehend aus Ihnen, von Staa und einem Wirtschaftler bietet. Lassen Sie die gemein-
same Kraft wirksam werden; denn die Firmen brauchen diese koordinierte kräftige
Lenkung. [...]

Es fehlt eine straffe Verlagsplanung mit Blick über die Berliner Brillengrenze hinaus,
die nicht durch den Debattierclub der Verlagskonferenzen ersetzt werden kann. Es
fehlen häufige Reisen Ihrerseits nach dem Westen usf. Ich könnte noch Dutzende von
Ansatzpunkten nennen, bei denen Pfennige gespart wurden, um tausende von Mark
nicht zu verdienen. [...]

Stellen Sie sich freudig um und jeder am Unternehmen finanziell oder arbeitsmäßig
Beteiligte würde eine Neuordnung begrüßen und Ihnen die Entlastung gönnen, die
Ihrer führenden Stellung keinerlei Einbuße tun soll. Reagieren Sie auf diese Vorschläge, die man Ihnen machen wird, nicht mit Terror und Kampfansage. Ordnen Sie
in freundlicher Weise die familiären Zerwürfnisse von sich aus, aber echt und weit
über den kleinlichen Dingen stehend. [...]

Lassen Sie doch gutwillige und tatenfrohe Kräfte endlich neben sich aufkommen
und bereiten Sie Ihrem Sohn den Platz, den er bald einnehmen soll und ausgezeichnet
ausfüllen wird. Weg mit Terror, Furchteinflößen und Diktatur, unter denen Sie doch
ebenso leiden wie die Betroffenen. [...] Es geht um sehr viel! Es geht nicht nur um
Sie, wie ich schon sagte, sondern um das Schicksal Vieler – um die Firmen und ihren
Ruf, der schon angeschlagen ist – und um Tausende von Werken und deren Autoren.

Vergessen Sie das nicht einen Moment! Sie haben die zwingende Pflicht weiter mit-
zumachen und alles Persönliche zurückzustellen.[7]

Crams Antwort auf diese deutlichen Worte – unterzeichnet mit „Ihr trauriger
Herbert Cram" – folgte unmittelbar. Er bedauerte Selliers Vorwurf, „schäbig"
gehandelt zu haben, wies das aber genauso zurück wie den Vorschlag einer
strafferen Verlagsplanung: „Sie irren, wenn Sie glauben, daß ich keine Übersicht mehr über mein Geschäft habe. Es ist leicht, Kritik von außen zu üben,
aber schwerer, es besser zu machen."[8]

Die Gesellschafterversammlung am 4. April 1950 verlief aus Crams Sicht
unerfreulich und endete mit juristischen Vergleichsverhandlungen:

> Es ist sehr bitter für mich, daß so der Dank meiner Gesellschafter nach 27jähriger
> Tätigkeit für sie aussieht, und nachdem sie mir die Erhaltung ihres Firmenvermögens
> verdanken. [...] Hoffen wir, daß die allgemeine Aufwärtsentwicklung weiter anhält
> und wir zum Herbst aus der allgemeinen Geldknappheit herauskommen; das tägliche
> Kämpfen um Herstellung, Umsatz und Geldeingang, um seinen Verpflichtungen
> nachkommen zu können, ist zermürbend. Der Hader mit meinen Gesellschaftern
> nimmt mir jede Arbeitsfreude und auch die Sicherheit, im richtigen Augenblick die
> notwendigen Maßnahmen zu treffen.[9]

Neben der Korrespondenz mit Sellier machen auch die Briefe an seinen
Sohn Kurt-Georg deutlich, wie nahe Herbert Cram dieser Konflikt ging. Er,
der sonst immer kämpferisch eingestellt war, klagte, seine Kräfte reichten
nicht aus, um in diesem Konflikt zu bestehen, und auch seine Fähigkeit, die
richtigen Entscheidungen für den Verlag zu treffen, sei ihm abhandenge-
kommen. Resigniert informierte er seinen Sohn, er werde von seiner Seite
aus nichts dagegen unternehmen, wenn seine Kündigung zum Jahresende
wirksam würde.[10] Als seine Schwiegermutter zwei Wochen später am 28. Mai
1950 starb, zog er seine Kündigung jedoch zurück, vermutlich weil sich dadurch die Mehrheitsverhältnisse änderten.

Am 15. Juni 1950 gab Cram Arthur Sellier einen „Situationsbericht": Es
hatten

> 2 Beirats-Sitzungen stattgefunden, eine zwischen mir, v. Staa und Forell, die 2. nach
> Ankündigung des Feststellungsprozesses durch RA Friedrich, unter Hinziehung
> meines Sohnes, den ich vorsichtshalber als meinen Nachfolger in alle Geschäfte
> einweihen werde, die ich bisher geführt habe, und die ich Gefahr laufe abgeben zu
> müssen durch die feindliche Einstellung von Justus Koch. [...] Ein Beirat, der mich
> sachverständig berät, mir also nützlich ist, und meine Arbeitszeit nicht zu sehr in

---

[7] Arthur L. Sellier an Herbert Cram, 1.4.1950, Stabi Dep. 42,425.
[8] Herbert Cram an Arthur L. Sellier, 3.4.1950, Stabi Dep. 42,425.
[9] Herbert Cram an Arthur L. Sellier, 28.4.1950, Stabi Dep. 42,342.
[10] Herbert Cram an Kurt-Georg Cram, 11.5.1950, Stabi Dep. 42,342.

Anspruch nimmt, wird von mir nur begrüßt werden. Was ich bisher von dem Beirat erlebt habe, erfüllt nicht die Voraussetzung. Er verkörpert zur Zeit ja auch nur ein Diktat eines Teiles der Kommanditisten, streng genommen nur von Frau Burckhard-Meier und Justus Koch, der nicht Kommanditist ist und gesellschaftsfremden Einfluß darstellt.

Soweit ich informiert bin, ist Justus Koch Testamentsvollstrecker[11] und müßte als solcher überparteilich die Interessen aller Kommanditisten wahrnehmen und nicht [...] Frau Burckhard-Meier in einen Feststellungsprozeß hineintreiben, der bestenfalls mein Ausscheiden aus der Gesellschaft zur Folge haben wird. Wie kann er weiter verantworten, Frau Burckhard-Meier geraten zu haben, ihre Einwilligung zu versagen, daß ich weiterhin p. h. G. bei de Gruyter bin. Das sind nach meiner Auffassung Ratschläge von so schwerwiegender Bedeutung und Folgen für alle Gesellschafter, daß das zwischen Gesellschaftern notwendige gegenseitige Vertrauen dadurch empfindlich Einbuße erleidet. [...] Das Schwerwiegendste hierbei ist aber, daß durch das bisherige Verhalten von Justus Koch, insbesondere durch die Ratschläge, die er Frau Burckhard-Meier erteilt hat, der Friede innerhalb der Familie einen unheilbaren Riß erhält. Kurz vor dem Tode von Frau de Gruyter hat diese mich zu sich kommen lassen und hat Friede mit mir gemacht; einige Wochen zuvor hat sie mir ihr Vertrauen in die Geschäftsführung dadurch zum Ausdruck gebracht, daß sie die Anmeldung meines Alleinzeichnungsrechtes in der Firma mit angemeldet hat. Eben diese Frau hat auf Anraten von Justus Koch ihm scheinbar Generalvollmacht erteilt und mit dieser Vollmacht, die die Stimmen meiner Kinder miteinschloß, wurde in der letzten Gesellschafter Versammlung die Erklärung abgegeben, daß man die Zustimmung zur Rücknahme einer vermeintlichen Kündigung versagt. Das ist also der Dank meiner Gesellschafter, für die ich 27 Jahre gearbeitet habe und für die ich, allen Widerständen zum Trotz, trotz persönlicher Anfeindungen, trotz Krieg, trotz Zusammenbruch, trotz Blockade, ihr Vermögen in der Firma im vollen Umfange gerettet habe; sie schützen Sorge um die Erhaltung ihres Vermögens vor; wer kann ihnen dieses besser erhalten als derjenige, der es in 27jähriger Arbeit erhalten und wesentlich weiter ausgebaut hat?[12]

Die Feststellungsklage von Ellen Meier sollte Herbert Cram zwingen, die Wirksamkeit seiner Kündigung zum 31. Dezember 1950 zu formulieren. Der erste Vergleichsvorschlag sah für die Zukunft ein Dreiergremium vor; Crams Geschäftsführung sollte „der Beschlussfassung und Majorisierung durch dieses Gremium" unterstellt werden. Offenbar hatte Eugenie de Gruyter kurz vor ihrem Tod Herbert Cram und seine Frau um eine Aussöhnung mit Ellen Meier gebeten, der sich Letztere aber verschloss. Cram berichtete Arthur Sellier ausführlich davon, worauf sich dieser um eine Verständigung bemühte.[13]

---

[11] Eugenie de Gruyters.
[12] Herbert Cram an Arthur L. Sellier, 15.6.1950, Stabi Dep. 42,342.
[13] Ebenda.

Die Diskussion um den Beirat geriet in ein ruhigeres Fahrwasser, als Justus Koch den von Ellen Meier in diesem Gremium zu vergebenden Posten Arthur Sellier anbot. Nach Rücksprache mit Herbert Cram stimmte dieser zu.[14] Am 3. August 1950 wurde zwischen Clara Cram, Herbert Cram, Kurt-Georg Cram, Wolf Meinhard von Staa und Ellen Meier, Letztere vertreten durch Rechtsanwalt Justus Koch, eine Vereinbarung zur Änderung des Gesellschaftsvertrags unterzeichnet, der die Aufgaben des neuen, den „Beirat" ersetzenden „Ausschusses" genau festlegte.[15]

Nach dem Tod Eugenie de Gruyters kamen zu diesem Streit um einen Beirat, der Crams Geschäftsführertätigkeit kontrollieren sollte, noch massive Erbauseinandersetzungen, die erst vor dem Bundesgerichtshof abschließend geklärt wurden. Cram warf Justus Koch vor, sich durch das Testament eine Stimmrechts-Übertragung und letztlich eine Majorität in der Gesellschafterversammlung verschaffen zu wollen.[16] Das Testament beinhaltete, dass die Stimmrechte, die Eugenie de Gruyter an die sieben Kinder von Clara und Herbert Cram, an Lili de Gruyter und an die vier Kinder von Ellen Meier übertragen hatte (je 40.000 DM, insgesamt 520.000 DM), für zehn Jahre von Justus Koch bzw. dessen Nachfolger ausgeübt werden sollten. Gleiches galt für die Stimmrechte der beiden Töchter Eugenie de Gruyters. Im Falle einer Weigerung sollte die Erbeinsetzung entfallen. Herbert Cram widersprach dieser Stimmrechtsübertragung und erblickte darin einen Verstoß gegen § 138 BGB, weil dadurch die der Gesellschaft gegenüber erforderliche Gesellschaftstreue verletzt würde.[17]

Justus Koch verkaufte im Sommer 1951 Aktien der Gutehoffnungshütte aus dem Erbe und bezahlte vom Erlös – ca. 40.000 DM – 12.000 DM Erbschaftssteuer, der Rest wurde für Gebühren bei der Testamentsvollstreckung und sachliche Ausgaben in diesem Zusammenhang verwendet. Eine Rechnungslegung blieb Koch trotz Aufforderung schuldig, worüber sich Herbert Cram bei Arthur Sellier bitter beklagte: „Daß durch diese Kampfhandlung meine Spannkraft in der Arbeit für den Verlag auf ein Minimum gesunken ist, brauche ich Ihnen ja nicht erst zu erklären. Was mich innerlich verzehrt, ist die Tatsache, daß dadurch die weitere Gesundung des Verlages sehr verzögert wird und die Gesellschafter sich weiterhin damit abfinden müssen, daß vom Verlag aus höchstens die Steuern für sie getragen werden können und daß stattdessen namhafte Beträge nunmehr von den Anwälten konsumiert werden."[18]

---

[14] Herbert Cram an Arthur L. Sellier, 13.7.1950, Stabi Dep. 42,425.
[15] Vereinbarung in Stabi Dep. 42,425.
[16] Herbert Cram an Arthur L. Sellier, 11.7.1950, Stabi Dep. 42,425.
[17] Erklärung von Herbert Cram, 20.11.1951, Stabi Dep. 42,425.
[18] Herbert Cram an Arthur L. Sellier, 3.8.1951, Stabi Dep. 42,342.

Der Verlag befand sich 1951 nach wie vor in einer finanziell angespannten Lage. Durch die Erbstreitigkeiten wurde zudem Kapital gebunden, gleichzeitig verhinderten sie aber auch einen geschäftlichen Aufbruch, weil Herbert Cram, der die Zügel weiterhin fest in der Hand hielt und den Abteilungsleitern wenig Spielraum ließ, damit in jeder Hinsicht in Beschlag genommen war. Seine Sekretärin Charlotte Seifert urteilte im November 1951, dass ihr Chef „ja leider jetzt nur erfüllt von dieser unerfreulichen Testamentssache" sei. Er wirkte am Ende seiner Kräfte, und sie machte sich Sorgen, dass „ein völliger Zusammenbruch" folgen könnte.[19] Auch im Juli 1952 schüttete sie Arthur Sellier ihr Herz aus, dass sie „gottergeben seinen Mißmut ertragen" müsse. Er sei überarbeitet, zudem sei derzeit „die Stimmung wieder auf dem Tiefstand, daran ist wohl auch die Testamentssache schuld, die ihn innerlich doch sehr beunruhigt".[20] Er selbst schrieb Arthur Sellier: „Ihnen persönlich wiederhole ich nur, daß es mir unfaßbar ist, und ich es mir in meinem ganzen Leben nicht habe träumen lassen, daß ich mit der Schwester meiner Frau prozessieren muß, damit meine Kinder nicht enterbt werden."[21]

Im Herbst 1953 entschied der Bundesgerichtshof jedoch zugunsten Crams und der Kinder, was Herbert Cram eine große Last von den Schultern nahm. Er wollte die ganze Angelegenheit nun möglichst rasch vom Tisch haben und drängte auf die endgültige Erledigung der Testamentsvollstreckung und die Abrechnung durch Justus Koch.[22]

Ebenfalls 1953 wurde das Rückerstattungsverfahren mit Georg Stilke mit einem Vergleich abgeschlossen. De Gruyter hatte die auf juristische Literatur spezialisisierte Firma Georg Stilke 1938 übernommen, weil Stilke als „Halbjude" nicht mehr als Verleger tätig sein durfte. Georg Stilke hatte im September 1949 angefragt, ob De Gruyter ihm die rechtswissenschaftliche Abteilung (Stilkes Rechtsbibliothek) des Stilke-Verlages rückerstatten würde. Herbert Cram war dazu zwar bereit, stellte aber hohe finanzielle Forderungen, worauf eine langwierige juristische Auseinandersetzung folgte, in die Herbert Cram ebenfalls viel Zeit und Energie steckte.

Crams Beharren auf der angeblich formaljuristischen Richtigkeit der Übernahme von Stilkes Rechtsbibliothek – nämlich von dem nichtjüdischen Prokuristen Hermann Reinshagen, der im November 1945 für tot erklärt worden war –, obwohl der Vertrag von Stilke persönlich unterzeichnet worden war und das damit verbundene trotzige Ignorieren der Bedrängnis, in der der gut situierte Stilke-Verlag in den 1930er-Jahren allein aus politischen Gründen

---

[19] Charlotte Seifert an Lore Holtz, 23.11.1951, Stabi Dep. 42,480.
[20] Sekretariat (Charlotte Seifert) an Arthur L. Sellier, 11.7.1952, Stabi Dep. 42,342.
[21] Herbert Cram an Arthur L. Sellier, 28.11.1952, Stabi Dep. 42,342.
[22] Herbert Cram an Arthur L. Sellier, 12.10.1953 und 20.11.1953, Stabi Dep. 42,342.

geraten war, macht sein fehlendes Unrechtsbewusstsein den NS-Verbrechen gegenüber deutlich.[23]

---

[23] Vgl. Königseder, Walter de Gruyter, S. 124–133 (dort auch die entsprechenden Quellenverweise).

Der Fall Pohl

Dieses fehlende Unrechtsbewusstsein wurde auch in Herbert Crams Engagement für Oswald Pohl deutlich, der als Leiter des SS-Wirtschaftsverwaltungshauptamts und damit u. a. zuständig für das nationalsozialistische Konzentrationslager-Wesen, in einem der Nürnberger Nachkriegsprozesse, dem Fall IV gegen 18 Mitarbeiter des SS-WVHA, am 3. November 1947 zum Tode verurteilt worden war. Der US-amerikanische Hochkommissar John McCloy bestätigte das Urteil, es wurde jedoch nicht sofort vollstreckt. Pohl blieb in Landsberg inhaftiert.[1]

Die Ehefrau Oswald Pohls, Eleonore, korrespondierte während der Haftzeit ihres Mannes von ihrem Wohnort im oberbayerischen Halfing aus mit Herbert Cram. Sie war in der Werbeabteilung des Verlags als Leiterin des grafischen Ateliers tätig gewesen und arbeitete offenbar auch noch von Halfing aus als Grafikerin für De Gruyter.[2] Cram nahm lebhaften Anteil am Schicksal Oswald Pohls und schickte seiner Frau Bücher, die diese ihm ins Gefängnis weiterleitete. Im Verlagsnachlass liegt ein handschriftlicher Brief von Oswald Pohl an Herbert Cram aus Landsberg vom Dezember 1948, in dem er sich bewegt für die Anteilnahme bedankt.[3]

---

[1] Hermann Weiß (Hrsg.), Biographisches Lexikon zum Dritten Reich, Frankfurt a. M. 1998, S. 355 f.

[2] Korrespondenz in Stabi Dep. 42,210.

[3] Stabi Dep. 42,210.

Landsberg, am 21. Dezember 1948.

Sehr verehrter Herr Dr. Cram,

„homines bonae voluntatis", Menschen guten Willens," und „die Stillen im Lande" nennt Spinoza diejenigen, die aus stummer Taten u. nicht aus lauten Reden durchs Land wandern, die dem Sinkenden Mitmenschen die Hand reichen u. ihn durch Not u. Trümmer ein Stücklein weiterführen zum Weitern, festen Weg.

Unerkannt u. ohne den Beifall des leicht zu betörenden Marktes bleiben diese „Stillen" meist. Sie wollen es auch nicht anders. Durch eine tapfere Not, eine freundliche Geste oder eine von Herzensgüte zeugende Gebärde allein wirken sie Wunder. —

Daran dachte ich, als meine liebe tapfere Frau mir Ihren letzten Brief zeigte. Einem von dieser Gemeinde der Stillen glaubte ich zu begegnen, als sie mir die Bücher mitbrachte, welche Sie ihr für mich übersandt hatten.

Das ist mehr als eine Geste! Ich fühle, wie es mein Herz erwärmt u. wie ein freundlicher Lichtstrahl die dumpfe Dämmerung meiner Zelle durchbricht, in der ich nun schon fast 3 Jahre meine Sehnsucht verströme.

Es ist das Wissen um die Unversehrtheit des deutschen Volks u. die tröstliche Erkenntnis, dass nicht auch sie von der düsteren Dämonie des Zeitgeistes zertrampelt worden ist. Das ist wichtiger als alle materielle Hilfe.

Deshalb beglücken mich Ihre freundlichen Worte so tief, weil ich in ihnen jenen Geist „der Stillen im Lande" verspüre. „Ein Mensch! Ein Mensch!" möcht man rufen.

Es drängt mich, sehr verehrter Herr Dr. Cram, Ihnen das zu sagen,

Brief Oswald Pohls aus der Haftanstalt Landsberg an Herbert Cram vom Dezember 1948, in dem er sich herzlich für Crams Anteilnahme an seinem „persönlichen Schicksal" bedankt, Stabi Dep. 42,210

damit auch Sie wissen, dass nicht jeder Ruf in der inneren
Weite scholos verhallt. Nehmen Sie es bitte als meinen stillen
Dank. —

Ihre Teilnahme an meinem persönlichen Schicksal, das
gleich das schwere Schicksal meiner Frau u. unserer Kinder, bewegt mich bis ins Innerste. Wenigu meinetwegen, denn ich
es überwinden, ohne dass es mich gebrochen hat, aber meiner
Frau wegen! Was diese schweigend durch ihr hartes Leben trägt,
mögen nur Mütter, denen der göttliche Auftrag ward, Bewahrerin
des Lebens zu sein. Meine ganze Sorge richtet sich daher allein
die Mutter unserer Kinder, die Gegenwart u. Zukunft allein tra
muss. Wie sie es tut, das bestimmt auch meine innere Haltung

Lassen wir den Schrei nach „Gerechtigkeit", die — wie Friede
u. Glück — als ewiger Traum über satanische Gewalten dieser
doch so schönen Erde schweben wird.

„Nehmen sie den Leib, Gut, Ehr, Kind u. Weib —
Lass fahren dahin! sie haben's kein Gewinn.
Das Reich muss uns doch bleiben!"

Das Reich droben, in welchem der Allmächtige über wahre Gerech
tigkeit u. echten Frieden wacht —
Das Reich hienieden, das uns nie verloren gehen kann, solange
der Geist unserer Väter in uns lebt: Deutschland!

Möge deshalb auch Ihre Lebensarbeit, die sich seiner Pflege
widmet, reiche Früchte tragen!

Mit freundlichen Grüssen
Ihr ergebener
R. Walter Pohl

Neben der Unterstützung der Familie Pohl schickte Cram jedoch auch mehrere Schreiben an Personen, von denen er annahm, sie könnten Einfluss nehmen, um das Todesurteil zu revidieren. General Clay wollte er persönlich aufsuchen und zugunsten Pohls vorsprechen, was Eleonore Pohl in einem Brief an Cram vom 12. Februar 1949 ansprach:

> Ihre Idee, zu Cl.[ay] zu gehen, hat mich gerührt. Ich könnte Ihnen ja einmal nähere Unterlagen schicken, wie mein Mann meinte, aber ich unterlasse es lieber gefühls-mäßig, denn Ihre Denkungsweise ist eine rein menschliche, welche durch das Vielerlei der Erscheinungen in diesem Fall nur getrübt würde. Ihre Idee ist genau so überraschend und ungewöhnlich wie alle in sich edlen Handlungen in der Welt. Sie selber sind bestimmt auch freier als ich, denn Sie standen diesen Dingen immer fern. Wenn ich selber innerlich dort oben auch sehr zerrissen wurde, so bin ich doch durch meine Ehe tief verstrickt, aber ich kenne auch von früher her Menschen aus dem andern Lager, und es ist der Grund, weswegen ich diese Dinge alle nun mit mehr Geduld und Einsicht trage.[4]

Crams Einsatz für eine der Schlüsselfiguren im Gewaltsystem des NS-Staats geschah offenbar nicht nur aus Loyalität und Verbundenheit mit einer Ver-lagsmitarbeiterin. Am 3. Mai 1949 richtete er ein Gnadengesuch an das Oberste Bundesgericht der USA, das er zum einen damit begründete, Frau Pohl sei eine langjährige Mitarbeiterin gewesen, der gegenüber er sich „zur Hilfeleistung verpflichtet" fühlte. Andererseits argumentierte Cram aber aus religiöser Überzeugung heraus.[5]

In Crams „Hilferuf" für Pohl an Bundespräsident Theodor Heuss vom November 1949 wurde jedoch auch deutlich, dass sein Engagement darüber hinausging und er grundsätzlich an der Richtigkeit dieses Urteils zweifelte. Nach Crams Erachten war Pohl „zu Unrecht" im Nürnberger Prozess zum Tode verurteilt worden. Er sei ein „Idealist" und „grundanständiger Cha-rakter", der „einer unmenschlichen Handlung nicht fähig ist".[6] Heuss informierte Cram am 3. Dezember 1949 in einem vertraulichen Brief, er habe zwar vor einiger Zeit in einem Gespräch mit dem Hohen Kommissar John McCloy „die Frage der Landsberger Verurteilten in der Behandlung eines Spezialfalles angeschnitten". Das ganze Thema sei aber jetzt auf das Bundes-justizministerium übergegangen, und es sei ihm „vollkommen unmöglich", eine „individuelle Aktion" zugunsten Pohls zu initiieren.[7]

Auch nach der Ablehnung des Gnadengesuchs durch Hochkommissar McCloy im Februar 1951 schrieb Cram nochmals an zahlreiche Institutionen,

---

[4] Eleonore Pohl an Herbert Cram, 12.2.1949, Stabi Dep. 42,210.

[5] Herbert Cram an das Oberste Bundesgericht der USA, Washington, 3.5.1949, Stabi Dep. 42,210.

[6] Herbert Cram an Theodor Heuss, 28.11.1949, Stabi Dep. 42, K 335, M 3.

[7] Theodor Heuss an Herbert Cram, 3.12.1949, Stabi Dep. 42 Gr, Theodor Heuss.

Dr. Cr./Sc.

Berlin, den 3. Mai 1949

An das
Oberste Bundesgericht der USA
W a s h i n g t o n

betr. Gnadengesuch aus Urteil des 4. Nürnberger Kriegsverbrecher-Prozesses

Die "Neue Zeitung"- Berlin meldet unterm 1.Mai, dass
General D.Clay gestern die 4 Urteile des 4. Nürnberger Kriegsverbrecher-
Prozesses gegen 13 Mitglieder des ehemaligen SS-Führungsstabes bestätigt
habe.Die Vollstreckung der Todesstrafe am Verwaltungschef der SS, Oswald
P o h l , wird bis zur Beantwortung seines Gnadengesuches durch das Oberste
USA-Bundesgericht zurückgestellt.
Dem Gnadengesuch von Oswald Pohl bitte ich stattzugeben
und begründe diese Bitte wie folgt:
Die Akten Oswald Pohl sind mir nicht bekannt; den Menschen
Oswald Pohl habe ich aber in persönlicher Begegnung und aus Mitteilungen aus
der Zeit nach seiner Verurteilung als einen geläuterten Geist von höchster per-
sönlicher Stärke kennengelernt. Wenn Sie Gnade vor Recht ergehen lassen, wird
sie tausendfältige Frucht tragen.
Frau Pohl hat unterm 14.7.1948 ein Schreiben an General Clay
gerichtet, aus dem ihre Not und ihre geistige Grösse im Kampf um den Lebensge-
fährten und den Vater ihrer Kinder spricht. Dieses Schreiben wird bei Ihren
Akten sein; ich brauche dem nichts weiter hinzuzufügen.
Frau Pohl war meine langjährige Mitarbeiterin im Verlage
Walter de Gruyter & Co. Durch diese Arbeit fühle ich mich ihr zur Hilfeleistung
verpflichtet. Ich bin aber auch Mitglied der Bekennenden Kirche Deutschlands
und habe wie viele Tausende Deutsche gerade in der Zeit der Gewaltherrschaft
Hitlers erfahren, wie im Namen des Rechts Menschen vernichtet wurden, und er-
fahre weiter, wie in Russland, in Bulgarien und Ungarn im Namen des Rechts ein
Gleiches geschieht. In Nürnberg versucht man, einem neuen Recht Geltung zu verschaffen. Über allem liegt menschliche Erkenntnis. Wer will sich vermessen,
zu entscheiden, was vor Gott bestehen wird.
In schweren Jahren, die hinter uns liegen,haben wir Christen
in Deutschland gelernt, zu beten : "vergib uns unsere Schuld, wie wir vergeben
unseren Schuldigern". – Die Bibel lehrt weiter, "liebet Eure Feinde und seg-
net, die Euch fluchen" und " liebe Deinen Nächsten wie Dich selbst". Wer aber
Dein Nächster ist, das lehrt das Gleichnis vom barmherzigen Samariter: ... der
die Barmherzigkeit an ihm tat....so gehe hin und tue desgleichen".
Hohes Gericht, eine Frau und 4 unmündige Kinder sind in
höchster Not um den Mann, um den Vater; vermehren Sie durch Ihre Entscheidung
nicht die Millionen Waisen und Witwen um weitere Unglückliche; üben Sie Barm-
herzigkeit vor Recht und geben Sie der leidenden Menschheit dadurch Hoffnung
auf ein besseres Recht.
Ich spreche heute noch als Einzelner, weiss mich aber eins
mit vielen Millionen Deutschen, die unter dem Kriege gelitten haben und im
Glauben versuchen für die Besserung der Menschheit zu wirken.
Ich appelliere an Ihren Willen zum Kampf um die
Menschlichkeit, deren vornehmster Vertreter wohl heutzutage Victor
Gollancz ist.
Üben Sie Barmherzigkeit und begnaden Sie Oswald Pohl.

Herbert Cram

Doktor der Theologie h.c.,
Diplom-Ingenieur

Lizenzträger der Verlage:

Alfred Töpelmann
Theologie
CRAM. DE GRUYTER & CO.
Hau d02

WALTER DE GRUYTER & CO
vormals G.J. Göschen'sche Verlagshandlung
J. Guttentag, Verlagsbuchhandlung · Georg
Reimer · Karl J. Trübner · Veit & Comp.
Wissenschaften

J. Schweitzer Verlag
Jura

Technischer Verlag Herbert Cram

Herbert Crams Gnadengesuch für den Kriegsverbrecher Oswald Pohl an das
Oberste Bundesgericht der USA, 3. Mai 1949, Stabi Dep. 42,210

unter anderem an General Thomas Handy in Heidelberg, und appellierte, „aus der christlichen Weltanschauung heraus Gnade zu üben". Er kritisierte aber wiederum das Urteil grundsätzlich und mutmaßte, dass „das umfangreiche Aktenmaterial nicht sorgfältig genug geprüft worden ist und die Herren die wirklichen Zustände in Deutschland in der damaligen Zeit nicht erkennen konnten, weil sie sie nicht miterlebt haben".[8]

Karl Korn, Redakteur der *Frankfurter Allgemeinen Zeitung*, mochte sich Herbert Crams Einsatz für Oswald Pohl nicht anschließen. Er reagierte mit nachdenklichen Zeilen, die der Realität sehr viel mehr entsprachen als Crams Engagement: „Was wohl müssen die wenigen Angehörigen der sechs Millionen Opfer der Konzentrationslager denken und empfinden, wenn ihnen jetzt ein Pohl erklärt, er habe von der Massenvernichtung und Kadaververwertung und all dem Schrecklichen nichts gewusst, er habe verwaltet und damit basta." Zwar stehe es ihm nicht an, „irgendein Wort zu den Qualen zu sagen, die ein Mann, der vier Jahre auf seinen Tod warten muss, auszustehen hat. Aber was war, kann nach meiner Ansicht durch nichts ausgelöscht werden, es sei denn durch eine mit Überzeugung übernommene Sühne. Ich war und bin ein kleiner Mann. Aber so viel habe ich im Krieg durch geflüsterte Gerüchte gewusst über die Zustände in den Konzentrationslagern, dass dort unter grauenvollen Verhältnissen in Massen gestorben und gequält wurde. [...] Das soll Pohl nicht gewusst oder doch geahnt haben?" Unter diesen Umständen bedauerte er, den Pohl-Brief „aus Gewissensgründen" nicht publizieren zu können.[9]

Herbert Cram reagierte auf Korns Schreiben verärgert und fühlte sich missverstanden. Im Kern warf er ihm ein fehlendes Urteilsvermögen vor, weil er seine Schlussfolgerungen aus den bisherigen Zeitungsveröffentlichungen zog, die „unter dem Einfluss der gesamten politischen Atmosphäre" stünden. Pohl stehe selbstverständlich zu seinen Taten, sei auch zur Sühne bereit, das Urteil beruhe jedoch auf einem Justizirrtum. Cram äußerte „erhebliche Zweifel an der gerechten Urteilsfindung in den Nürnberger Prozessen" und beendete sein Schreiben abermals mit der Forderung nach christlicher Nächstenliebe.[10] Die Interventionen blieben erfolglos: Oswald Pohl wurde am 7. Juni 1951 in Landsberg am Lech hingerichtet.

---

[8] Herbert Cram an General Thomas Handy, 13.2.1951, Stabi Dep. 42, K 335, M 3. Das Schreiben ging in Kopie an Bundeskanzler Konrad Adenauer.

[9] Karl Korn an Herbert Cram, 19.2.1951, Stabi Dep. 42, K 335, M 3.

[10] Herbert Cram an Karl Korn, 22.2.1951, Stabi Dep. 42, K 335, M 3.

Herbert Cram als Vormund von Peter Heydrich

Ein anderer Charakterzug Herbert Crams zeigte sich infolge der Übernahme der Vormundschaft für alle fünf Kinder von Heinz Siegfried Heydrich, dem jüngeren Bruder von Reinhard Heydrich, im Jahr 1948. Die Familie Cram kümmerte sich um Peter Heydrich (geboren am 2. März 1931), der Reinhard Heydrichs Patenkind gewesen war, Isa (geboren am 20. Juni 1934), Ingrid (geboren am 28. September 1935), Heider (geboren am 26. Mai 1938) und Dieter (geboren am 28. September 1944); die Mutter der fünf Kinder, Gertrud Heydrich, befand sich zu diesem Zeitpunkt in einem „russischen Arbeitslager".[1] Der Vater Heinz hatte sich am 19. November 1944 in Riesenburg/Ostpreußen in einem Druckereizug – er war als Journalist in einer Propagandaeinheit an der Front tätig gewesen – erschossen. Im Unterschied zu seinem Bruder, dem berüchtigten Leiter des Reichssicherheitshauptamts (RSHA) und stellvertretenden Reichsprotektors in Böhmen und Mähren, der maßgeblich an der Deportation und Ermordung der europäischen Juden beteiligt und 1942 infolge eines Attentats gestorben war, half Heinz Heydrich mindestens in wenigen Fällen verfolgten Juden, indem er ihnen gefälschte Papiere für die Auswanderung beschaffte.[2] Über die Gründe seines Selbstmords lässt sich nur spekulieren. Sein Sohn Peter mutmaßte Jahrzehnte später, dass er damit seine Familie „schützen wollte" und auch „das ‚Dritte Reich' nicht überleben wollte".[3]

Nach der Verhaftung der Mutter im Jahr 1948 blieben die fünf Kinder einige Wochen sich selbst überlassen. Herbert Cram erfuhr über den örtlichen Pfarrer vom Schicksal der Kinder und entschied, sie bei sich aufzunehmen.[4] Peter Heydrich erklärte dies später mit Crams starkem christlich

---

[1] Herbert Cram an das Arbeitsamt Tiergarten, 2.9.1949, Stabi Dep. 42,218.

[2] Vgl. Robert Gerwarth, Reinhard Heydrich, München 2011, S. 349 f.

[3] Hans-Georg Wiedemann (Hrsg.), „Ich war der Kronprinz von Heydrich." Eine Kindheit im Schatten des Henkers von Prag, Stuttgart 2006, S. 66 f.

[4] Herbert Crams Schwiegertochter Gisela berichtet, seine Ehefrau Clara habe den Entschluss für die Aufnahme der Kinder im eigenen Haushalt, die ihren Alltag sehr viel einschneidender veränderte als seinen (den er im Verlag verbrachte), mitgetragen und auch im Nachhinein nicht damit gehadert, es aber bedauert, dass ihr Mann sie nicht in die Entscheidung einbezogen hatte. Interview mit Gisela Cram am 18.11.2019.

geprägten Verantwortungsgefühl.[5] Der Aufenthalt im Hause Cram hinterließ bei ihm sehr ambivalente Gefühle. Einerseits hatte er großen Respekt vor dieser Entscheidung – zumal das Schicksal und die Rückkehr der Mutter völlig unklar war –, andererseits fühlte er sich bei der Familie Cram nie wirklich zu Hause. Offenbar gab es von Beginn an Diskussionen um seine Berufswahl, weil Herbert Cram seinen Wunsch, zum Theater zu gehen, nicht zu respektieren bereit war. Das galt ihm nicht als „ordentlicher Beruf".[6]

Immerhin unterstützte Herbert Cram Peter Heydrich dann bei seiner Idee, Journalist – wie sein Vater – werden zu wollen, indem er sich im Sommer 1949 um eine Lehrstelle für ihn bemühte.[7] Zu diesem Zeitpunkt war Peter Heydrich auf dem Birkenhof in Lobetal, einer Einrichtung für körperlich und geistig behinderte sowie verhaltensauffällige junge Männer, untergebracht.[8] In seiner Biografie ist davon allerdings nicht die Rede, sodass sowohl die Gründe als auch die Aufenthaltsdauer dort unklar sind. Möglicherweise gibt es jedoch einen Zusammenhang mit seiner Homosexualität, die Herbert Cram – ganz Kind seiner Zeit – zu „korrigieren" versuchte. Am 1. September 1949 wurde Peter Heydrich jedenfalls im Verlag de Gruyter als buchhändlerische Hilfskraft eingestellt. Er sollte in der Setzerei beginnen, dann in der Druckerei arbeiten und schließlich in den einzelnen Fachabteilungen Auslieferung, Buchhaltung, Herstellung und Werbung „die notwendigen buchhändlerischen Fachkenntnisse" erwerben.[9] Bereits am 4. Oktober 1949 findet sich in den Akten eine Mitteilung, ihm seien 1,80 DM West vom Gehalt abzuziehen, weil er sich vier Stunden unerlaubt vom Arbeitsplatz entfernt hatte.[10]

Im Verlagsarchiv findet sich eine relativ umfangreiche Korrespondenz zwischen Herbert Cram und Peter Heydrich, die über ihre schwierige Beziehung Aufschluss gibt. Am 15. Februar 1950 etwa schrieb Cram ihm folgende Zeilen:

Lieber Peter! Dein Verhalten gibt mir seit längerer Zeit zur Besorgnis Veranlassung; Du bist wieder unaufrichtig und unehrlich. Damit Du Gelegenheit hast, Dir zu überlegen, wie maßlos unrecht Du handelst, erhältst Du hiermit 4 (vier) Wochen Stubenarrest auf Deinem Zimmer. Heider wird ausquartiert und es darf niemand das Zimmer betreten; das Zimmer darfst Du nur verlassen, um auf kürzestem Weg in den Verlag an Deinen Arbeitsplatz zu gehen und am Schulunterricht teilzunehmen. Ich erwarte

---

5   Wiedemann, „Ich war der Kronprinz von Heydrich", S. 75.
6   Ebenda, S. 76.
7   Herbert Cram an Ernst R. Strunk im Druckhaus Tempelhof, 29.6.1949, Stabi Dep. 42,218.
8   Herbert Cram an Peter Heydrich, 4.8.1949, Stabi Dep. 42,218.
9   Herbert Cram an Peter Heydrich, 1.9.1949, Stabi Dep. 42,218.
10   Herbert Cram an die Kasse, 4.10.1949, Stabi Dep. 42,218.

von Dir innerhalb dieser Frist einen Bericht über all die Vorfälle, die Dich haben vom geraden Weg abweichen lassen. Ich weiß, daß Du ein gutes Gedächtnis hast, auch für Dinge, die länger zurückliegen.[11]

Aus dem Jahr 1951 liegen zahlreiche Beschwerden u. a. vom Betriebsrat vor, Peter Heydrich führe seine Arbeiten nicht ordnungsgemäß aus.[12] Zu diesem Zeitpunkt war Cram jedoch nicht mehr als Vormund eingesetzt, aber Peter Heydrich war weiterhin im Verlag tätig. Mit der Volljährigkeit wurde er unter Tarifgruppe K1 geführt (Hilfskräfte für Katalogarbeiten, für Herstellung, Werbung und Schriftleitung bei der Juristischen Rundschau), K 2 kam „nicht in Frage", so Herbert Cram, weil er keine abgeschlossene Lehre vorzuweisen hatte.[13] Peter Heydrich kündigte Ende Januar 1953, weil er am 1. März 1953 eine Stelle beim Springer-Verlag in Heidelberg antreten wollte.[14] Im November 1953 bestand er die Buchhändlergehilfenprüfung, verließ den Springer-Verlag jedoch wieder. Anfang 1954 wurde Heydrich festgenommen, was Herbert Cram Anlass für einen sehr ernsten Brief an ihn war. Interessant ist daran, dass Cram Reinhard Heydrich als „gefallen" bezeichnete und sich dem „verstorbenen Vater gegenüber (Kriegsopfer) verpflichtet fühlte", sich weiterhin um den Sohn zu kümmern.[15] Peter Heydrich wurde zu einer fünfmonatigen Gefängnisstrafe verurteilt, die zur Bewährung ausgesetzt wurde. Cram fühlte sich aber „psychisch und physisch nicht in der Lage", das Amt eines Bewährungshelfers nach der Freilassung Heydrichs im Frühjahr 1954 zu übernehmen. Er äußerte auch Zweifel, ob es klug sei, dass Heydrich nach Berlin zurückkehren wollte. Dort könne er „allzu leicht in seine alten Laster" verfallen und „sehr schnell wieder in die homosexuellen Kreise geraten".[16]

Ganz offensichtlich missfiel Herbert Cram also die sexuelle Orientierung Peter Heydrichs, was zum damaligen Zeitpunkt und bei seiner konservativen Einstellung nicht weiter verwundert. Möglicherweise wurde die Beziehung auch durch „eine gewisse Arroganz" Heydrichs belastet, die er selbst mit seiner familiären Position als Patenkind des mächtigen Reinhard Heydrich erklärt. Er galt – und fühlte sich – nach dem Tod Reinhard Heydrichs und dessen ältesten Sohnes – geradezu als „Kronprinz" der Familie.[17] Cram war vermutlich nicht Psychologe genug, um sich diese vermeintliche oder tatsächliche Arroganz als Folge einer schwierigen Kindheit zu erklären.

---

[11] Herbert Cram an Peter Heydrich, 15.2.1950, Stabi Dep. 42,218.

[12] In Stabi Dep. 42,218.

[13] Aktennotiz von Herbert Cram betr. Peter Heydrich, 3.9.1952, Stabi Dep. 42,218.

[14] Peter Heydrich an den Verlag Walter de Gruyter, Abt. Personal, 28.1.1953, Stabi Dep. 42,218.

[15] Herbert Cram an Peter Heydrich, 13.2.1954, Stabi Dep. 42,218.

[16] Herbert Cram an Lili de Gruyter, 19.3.1954, Stabi Dep. 42,218.

[17] Wiedemann, „Ich war der Kronprinz von Heydrich", S. 48 f.

Hinzu kamen erhebliche Differenzen über die berufliche Entwicklung Peter Heydrichs.

Am 30. Juni 1953 bat Cram das Amtsgericht Lichterfelde, ihn auch als Beistand der vier Kinder Isa, Ingrid, Heider und Dieter Heydrich zu entlassen. Die Mutter habe diese Pflichten mittlerweile wieder übernehmen können.[18] Sie war am 20. Januar 1950 aus dem Lager zurückgekehrt und lebte zunächst ebenfalls im Hause Cram, bis sie in der Lage war, ihre Kinder selbst zu versorgen.[19]

Peter Heydrich wurde später einer größeren Öffentlichkeit als politischer Kabarettist, Schauspieler und Sänger bekannt.[20] Nach eigener Aussage war er durch seine familiäre Verbindung zu einem der größten NS-Verbrecher „traumatisiert" und gleichzeitig motiviert worden, sich als Künstler mit ehemals verfemten Autorinnen und Autoren auseinanderzusetzen.[21] Schilderungen seines Freundes Hans-Georg Wiedemann zeigen Peter Heydrich noch Jahrzehnte später als sensiblen, zerbrechlichen, sehr emotionalen, schwer an der Last der familiären Vergangenheit tragenden Mann. Er starb am 22. November 2000.

---

[18] Herbert Cram an das Amtsgericht Lichterfelde, 30.6.1953, Stabi Dep. 42,218.

[19] Wiedemann, „Ich war der Kronprinz von Heydrich", S. 77.

[20] Vgl. dazu ausführlich: Wiedemann, „Ich war der Kronprinz von Heydrich".

[21] Ebenda, S. 13.

Regelung der Nachfolge

Zu Beginn der 1950er-Jahre verschlechterte sich Herbert Crams Verhältnis zu seinem Sohn Kurt-Georg. Einerseits klagte er, er habe sich von der Zusammenarbeit mit seinem Sohn in der Geschäftsleitung viel erhofft, andererseits sah er ihn nicht als geeigneten Nachfolger. Herbert Crams Sekretärin Charlotte Seifert brachte das Problem ziemlich gut auf den Punkt und machte damit deutlich, wie sehr Crams autoritärer Charakter der Weiterentwicklung des Verlags im Wege stand: „Meinen zaghaften Einwand, er habe dem Junior doch keine eigene Meinung zugebilligt, wies er energisch zurück, er könne auch die gegenteilige Meinung anhören, wenn sie richtig vorgebracht würde. Nun, da habe ich ja so meine eigenen Gedanken, denn als Vorzimmer mußte ich mit anhören und höre auch heute noch die Debatten mit Barthelmes usw. Er ist doch nun einmal ein sehr schwieriger Chef."[1]

Kurt-Georg, geboren am 2. Januar 1920, war das älteste Kind von Clara und Herbert Cram. Nach dem Abitur absolvierte er 1937/38 eine Buchhandelslehre bei Bangel & Schmidt, Heidelberg, und leistete anschließend Reichsarbeits- und Wehrdienst. In Russland verlor er 1942 ein Bein und kehrte deshalb nach Berlin zurück. Von 1943 bis 1945 durchlief er sämtliche Abteilungen des Verlags. Als sein Vater von April bis Juli 1945 in Kriegsgefangenschaft war, veranlasste er gemeinsam mit Wolf Meinhard von Staa die ersten Maßnahmen, um das Unternehmen wieder in Gang zu bringen. In den folgenden Jahren volontierte er bei einer Druckerei und erhielt immer wieder besondere Aufgaben bei De Gruyter, wie etwa die Errichtung der Zweigstelle in Gelnhausen.[2] 1950/51 leitete er die Vertriebsabteilung (Werbung, Kontenführung, Auslieferung).[3] Zudem studierte er in Mainz und Göttingen Geschichte, Philosophie und Soziologie.[4]

---

[1] Charlotte Seifert an Arthur L. Sellier, 19.3.1952, Stabi Dep. 42,342.

[2] Anlagebogen zum Fragebogen zur Erfassung der Verlage in Groß-Berlin, Stabi Dep. 42,546; Kurt-Georg Cram an HICOG Labor Office, Berlin, 4.5.1952, Privatarchiv Gisela Cram.

[3] Zeugnis, 19.6.1953, Privatarchiv Gisela Cram.

[4] Kurt-Georg Cram an HICOG Labor Office, Berlin, 4.5.1952, Privatarchiv Gisela Cram.

1955 bis 1958 lebten Kurt-Georg Cram und seine Frau Gisela in New York. Cram studierte dort bei dem berühmten Ökonomen Peter Drucker Verlagsmanagement. Das Visum für den Aufenthalt in den USA hatte ihm sein Onkel Ralf Cram ermöglicht.[5] Aus der Korrespondenz zwischen Vater und Sohn in den New Yorker Jahren wird deutlich, wie kompliziert ihr Verhältnis war. Einerseits war der Vater sehr interessiert an den (vor allem druck-)technischen Entwicklungen und drängte, dass der Sohn auf eine bezahlte Arbeit verzichtete und dafür – auf Kosten des Verlags – in möglichst vielen Betrieben volontierte, um die technischen Fortschritte in Erfahrung zu bringen. Andererseits bot er seinem Sohn wiederum im Verlag de Gruyter lediglich die Leitung der Werbeabteilung an und war ganz offensichtlich nicht bereit, ihm mehr Verantwortung zu übertragen. Gleichzeitig schwärmte er Kurt-Georg von der überaus harmonischen Zusammenarbeit von Vater und Sohn Georgi vor und wie dankbar der Sohn „es begrüßt hat, daß er in den 5 Jahren des Zusammenarbeitens all seine Erfahrungen im Verlag hat übernehmen können".[6]

Kurt-Georg Cram interessierte sich zwar durchaus für die drucktechnischen Neuerungen, hielt das aber aus Sicht des Verlegers eher für ein „Randgebiet", weil es sehr viel mehr die grafische Industrie betraf. Er glaubte, „daß das eigentlich Amerikanische, das der europäische Unternehmer von hier lernen kann, viel allgemeiner und grundsätzlicher ist als die einzelnen technischen Erfindungen und Neuerungen: Es sind das besondere betriebswirtschaftliche Denken und die grundsätzlichen betriebswirtschaftlichen Prinzipien." Darunter fiel: „Organisationslehre, Personalpolitik mit besonderer Berücksichtigung des Führungsnachwuchses, Finanzierung, ‚marketing‘, u.a.m."[7] Nach Berlin zurückzukehren, um bei De Gruyter wiederum die Werbeabteilung zu übernehmen, schien ihm folglich kein attraktives Angebot. Aus seiner zögerlichen Reaktion auf das Bemühen seines Vaters, ihr persönliches Verhältnis zu verbessern, spricht deutliche Skepsis. Der Knackpunkt dabei war zweifelsohne die ungeklärte Frage über seine Stellung im Verlag; soweit familiäre Themen im Mittelpunkt standen, war die Korrespondenz warmherzig und vertraut.[8] Nach einem vorweihnachtlichen Telefonat im Dezember 1956 äußerte sich Herbert Cram in seinem nächsten Brief für ihn eher ungewöhnlich emotional: Die wenigen Worte haben „in mir das starke Bewußtsein lebendig werden lassen, daß wir doch innerlich viel stärker miteinander verbunden sind, als wir es äußerlich zu erkennen geben können".[9]

---

[5] Interview mit Gisela Cram, 18.11.2019.
[6] Herbert Cram an Kurt-Georg Cram, 19.10.1956, Privatarchiv Gisela Cram.
[7] Kurt-Georg Cram an Herbert Cram, 6.11.1956, Privatarchiv Gisela Cram.
[8] Ebenda und weitere Korrespondenz, Privatarchiv Gisela Cram.
[9] Herbert Cram an Kurt-Georg und Gisela Cram, 18.12.1956, Privatarchiv Gisela Cram.

Kurt-Georg Cram wollte sich nur dann wieder in die Berliner Verlagsgeschäfte einbinden lassen, wenn ihm ein größerer Entscheidungsspielraum
zugestanden würde. Sein Vater war dazu jedoch noch nicht im Mindesten
bereit und schrieb ihm im April 1957 nach New York: „Es ist irrig, wenn Du
annimmst, ich wolle von Problemen und Entscheidungen entlastet werden.
Richtig ist, daß ich mir wünsche, Probleme und Verlagsplanungen sorgfältig
durchdacht und vorbereitet zur Entscheidung vorgelegt zu bekommen."[10]
Die Korrespondenz in den folgenden Monaten macht jedoch auch sehr
deutlich, dass Cram an der möglichst raschen Einbindung seines Sohnes in
den Verlag viel lag. Immer wieder machte er ihm Vorschläge, wie die Zusammenarbeit besser gelingen könne. Im Prinzip wollte er jedoch weiterhin
die letztgültige Entscheidungsinstanz bei allen Projekten bleiben: „Ich
habe nicht die Absicht, in einem Vertrag mit meinem Sohn die Rechte der
phGs in irgendeiner Form einzuschränken", ließ er Wolf Meinhard von Staa
wissen. Meinem Sohn „muß von vornherein klar sein, daß wir beide in jeder
Beziehung die letzte Entscheidungsgewalt haben".[11] Der zweite Geschäftsführer Wolf Meinhard von Staa und Wirtschaftsprüfer Barthelmes machten
sich allerdings für Kurt-Georg Cram sehr stark.[12] Wolf Meinhard von Staa
versuchte, den jungen Cram auf ganz persönliche Weise wieder nach Berlin
zu locken: „Ich finde einfach", schrieb er ihm, „daß Sie her müssen. Ich sehe
das Bild Walter de Gruyters an meiner Wand und bin der Meinung, daß Sie
nun allmählich in Ihres Großvaters Haus gehören."[13]

Kurt-Georg Cram hatte jedoch ernste Bedenken, wie sich die Zusammenarbeit mit seinem Vater in Berlin gestalten würde. Dessen offenbar massives
Drängen bei einem Besuch in New York, sein Angebot zeitnah bedingungslos
anzunehmen, hatte das Gegenteil bewirkt. Obwohl er seinem Vater in
warmen Worten bestätigte, dass seinerseits der Wille zur Kooperation, Kom-
promissbereitschaft und „emotionalen Mäßigung" vorhanden war, verübelte
er ihm „die neue Sprache der Drohungen". Er bezweifelte, „darin eine Bürg-
schaft für zukünftige loyale und freundliche Zusammenarbeit" erkennen zu
können und machte klar, er würde mit seiner Familie in den USA bleiben,
wenn sich keine befriedigende Lösung für seine Position im Verlag in Berlin
finden ließe: „Wenn diese Stimmungen des Familienzwistes nun auch
zwischen Dir und mir die Oberhand gewinnen und sich verewigen sollten,
dann gäbe es für Gisela und mich nur die Entscheidung, uns dieser unheil-
bringenden und vergiftenden [sic] Atmosphäre (wir kennen sie ja doch nur

---

[10] Herbert Cram an Kurt-Georg Cram, 10.4.1957, Privatarchiv Gisela Cram.
[11] Herbert Cram an Wolf Meinhard von Staa, 22.8.1957, Privatarchiv Gisela Cram.
[12] Vgl. z. B. Herbert Cram an Kurt-Georg Cram, 22.7.1957, Privatarchiv Gisela Cram.
[13] Meinhard von Staa an Kurt-Georg Cram, 22.7.1957, Privatarchiv Gisela Cram.

zu gut) zu entziehen, um unserer und unserer Kinder Frieden willen."[14] Er wollte sich von seinem Vater „nicht in eine kleine Ecke [...] oder in die Rolle einer Strohpuppe" drängen lassen.[15]

Herbert Cram trafen diese Bedenken seines Sohnes tief; er brachte aber nicht das mindeste Verständnis dafür auf, dass Kurt-Georg Cram eine Perspektive in Richtung persönlich haftender Gesellschafter aufgezeigt haben wollte, und hielt starr an seiner Führungsrolle fest. Das Zögern Kurt-Georgs wertete er als „unverantwortlich" gegenüber der Familie. Seine Frau Gisela, die während eines Berlinaufenthalts ein Krisengespräch mit ihrem Schwiegervater führte und sich sehr um eine innerfamiliäre Einigung bemühte, urteilte: „Der Vater sieht nie die Situation von Dir aus."[16]

Abschluss dieses langen Prozesses um die Aufnahme von Kurt-Georg Cram in die Verlagsleitung war der – wohl unter wesentlicher Mitwirkung Wolf Meinhard von Staas zustande gekommene – Beschluss, ihn vom 1. Juli 1958 an unter dem Titel Verlagsdirektor mit Gesamtprokura mit der Leitung der Abteilung Trübner zu betrauen. Im Laufe der folgenden vier Jahre sollte er sich „in alle Arbeitsbereiche" des Verlages einarbeiten und dann eine mit den beiden persönlich haftenden Gesellschaftern gleichberechtigte Position eines geschäftsführenden Verlagsdirektors erhalten. Weiterhin wurde in diesem Vertrag vereinbart, dass Kurt-Georg Cram die Abteilung Trübner ausbauen sollte. Dies sollte allerdings unter der nahezu lückenlosen Kontrolle der wöchentlichen Verlagskonferenz stattfinden, was keine Besonderheit im Hause de Gruyter war, sondern dem Führungsstil Herbert Crams entsprach.[17]

Kurt-Georg Cram wurde am 15. Juni 1963 persönlich haftender Gesellschafter des Verlags. Er übernahm die ständige Vertretung von Wolf Meinhard von Staa in den Abteilungen Reimer und Göschen und die Betreuung der Abteilungen Trübner, Töpelmann und die Theologie in der Abteilung Reimer sowie bei Cram, de Gruyter & Co., Hamburg. Außerdem unterstanden ihm die Abteilungen IBM, Auslieferung und Lager. Herr Dr. Wenzel übernahm neben der Abteilung Reimer auch die Abteilung Trübner als Abteilungsleiter.[18]

---

14 Kurt-Georg Cram an Herbert Cram, 12.10.1957, Privatarchiv Gisela Cram.

15 Kurt-Georg Cram an Clara Cram, 27.10.1957, Privatarchiv Gisela Cram.

16 Gisela Cram an Kurt-Georg Cram, 8.11.1957, Privatarchiv Gisela Cram.

17 Vertrag vom März 1958, Privatarchiv Gisela Cram.

18 Aushang der Geschäftsleitung, 26.5.1963, Stabi Dep. 42,477.

Ende einer Ära

Am 31. Juli 1967 starb Herbert Cram im Alter von 77 Jahren. Er war 1923 nach dem plötzlichen Tod seines Schwiegervaters Walter de Gruyter in den Verlag eingetreten und seit 1925 persönlich haftender Gesellschafter gewesen. Obwohl ihn in den letzten Jahren gesundheitliche Beschwerden beeinträchtigt hatten und der Generationenwechsel eingeleitet worden war, indem sein Sohn Kurt-Georg Cram und Kurt Lubasch zu persönlich haftenden Gesellschaftern ernannt worden waren, hatte seine Verlagspolitik und sein Führungsstil das Haus bis zu seinem Tod maßgeblich geprägt.

Der Theologe und langjährige De Gruyter-Autor Kurt Aland, der ihm auch persönlich nahestand, verfasste im Börsenblatt einen Nachruf, der die Bedeutung Herbert Crams für die Entwicklung des Verlages und seine Persönlichkeit deutlich werden lässt:

Man muß Herbert Cram nahegestanden haben, um ihn voll würdigen zu können. Denn außer seiner Frau und seiner Familie öffnete er sich anderen nur schwer. Im Verlag bekamen ihn nur die leitenden Mitglieder regelmäßig zu Gesicht – und das nur in seinem Arbeitszimmer, das er für gewöhnlich nicht verließ. Aber ein Irrtum wäre es, daraus zu schließen, daß er über die zahlreichen Mitarbeiter des Verlages und der Druckerei nicht genau unterrichtet gewesen wäre. Er schien verschlossen, zurückhaltend, ja manchmal streng, dennoch fühlte er mit jedem der Verlagsangehörigen und sorgte für ihn, wann und wo er nur konnte, fünftägige Arbeitswoche und zusätzliche Altersversorgung waren für den Verlag de Gruyter eine Selbstverständlichkeit, schon lange bevor man anders daran dachte. Einfachheit und persönliche Anspruchslosigkeit waren H. Crams Maxime, und was er von sich forderte, verlangte er auch von anderen. [...]

H. Cram sind viele Ehren zuteil geworden. Er war Ehrendoktor der Theologischen Fakultät Marburg wie der Philosophischen Fakultät der Freien Universität Berlin, Ehrenmitglied der Berliner Verleger- und Buchhändlervereinigung, Träger der Plakette des Börsenvereins „Dem Förderer des deutschen Buches" wie des Großen Verdienstkreuzes des Verdienstordens der Bundesrepublik. Gewiß hat er sich dieser und anderer Auszeichnungen erfreut, aber sie waren ihm nur Randerscheinungen. Dafür war sein Leben viel zu sehr von der Arbeit geprägt und durch die Aufgabe bestimmt, die ihm vor 44 Jahren gestellt worden war, als er in den Verlag eintrat. Am 5. September 1923 war Walter de Gruyter gestorben, am 1. Oktober übernahm H. Cram als sein Schwiegersohn seine Nachfolge, obwohl sein Lebensweg ihn darauf nicht vorbereitet hatte. Denn die Wiege des am 25.6.1890 Geborenen hatte im Ausland (in Eagle Pass/Texas) gestanden. Erst im Alter von 10 Jahren war er nach Deutschland gekommen. Nach dem 1911 bestandenen Abitur hatte er sich dem Studium der technischen Wissenschaften zugewandt. Trotz der langen Unterbrechung erst durch die Militärdienstzeit und dann durch den Kriegsdienst von 1914–1918 (der ihm hohe Auszeichnungen, aber auch eine schwere Verwundung einbrachte) konnte er es bald nach seiner Heimkehr mit dem Diplomingenieur abschließen, und zwar so erfolgreich, daß er 1921 zum wissenschaftlichen Assistenten an der Technischen Hochschule Berlin ernannt wurde.

1923 war H. Cram also ein „blutiger Neuling", als er in den Verlag de Gruyter eintrat. Der Anfang war besonders schwer, weil neben allem anderen noch die Probleme zu meistern waren, welche die ständig zunehmende Inflation mit sich brachte. Schon zwei Jahre später, 1925, übernahm er als persönlich haftender Gesellschafter die Gesamtverantwortung für den außerordentlich vielschichtigen Verlagskomplex, den Walter de Gruyter am 1. Januar 1919 unter der Bezeichnung „Vereinigung wissenschaftlicher Verleger Walter de Gruyter & Co." aus den bis dahin selbständigen Verlagsfirmen G. J. Göschen, J. Guttentag, Georg Reimer, Karl J. Trüber und Veit & Comp. geschaffen hatte. Gewiß hatten diese Verlage manches gemeinsam: Göschen und Reimer Sprach- und Literaturwissenschaft, Guttentag und Veit die Jurisprudenz, aber dazu kamen doch Naturwissenschaften, Medizin, Mathematik und manche anderen Disziplinen, die alle in diesen Verlagen ihre Heimstätte hatten, und zwar nicht mit irgendwelchen beiläufigen Veröffentlichungen, sondern mit großen traditionsreichen Serien und Zeitschriften wie mit Einzelpublikationen, die zu den Standardwerken und zum Rüstzeug eines jeden gehörten, der wissenschaftlich arbeiten wollte. Die Aufgabe, das Übernommene zu erhalten und auszubauen, war bereits mehr, als eines Mannes Kräfte hergeben zu können schienen. Aber H. Cram hat sich nicht damit begnügt, sondern die Tradition seines Schwiegervaters fortgeführt: 1927 schloß er den Verlag Marcus & Weber, 1928 den Verlag Ludwig Friederichsen, 1935 den Verlag Töpelmann, 1937 den Technischen Verlag M. Krayn und 1939 den J. Schweitzer Verlag an den Verlag de Gruyter an. Gewiß waren eine ganze Reihe der von diesen Verlagen gepflegten Spezialgebiete bei de Gruyter bereits vertreten: bei Schweitzer z. B. die Rechtswissenschaften, bei Marcus & Weber die Medizin und die Philologie. Aber dieser Verlag hatte eine wichtige theologische Abteilung, Töpelmann arbeitete sogar ausschließlich auf dem Gebiet der Theologie und Religionswissenschaft. Der Verlag Friederichsen war auf die Geographie ausgerichtet – immer mehr erweiterte sich der Radius des Verlages de Gruyter. Die Visitenkarte eines Verlages und eines Verlegers ist sein Verlagskatalog. Wenn man den dicken Band zur Hand nimmt, den de Gruyter 1932 veröffentlichte, meint man, ein enzyklopädisches Nachschlagewerk oder den Katalog einer universal ausgerichteten Bibliothek vor sich zu haben. Das Gleiche gilt für den Verlagskatalog von 1950, der eine Übersicht über die von 1749–1959 [sic, richtig: 1949] bei den im Verlag de Gruyter zusammengeschlossenen Verlagen erschienenen Werke bot – wohlgemerkt nur über die, welche noch lieferbar waren. Dieser Katalog umfaßt beinahe 800 Seiten mit engem Druck, für die Zeit bis 1965 sind drei Nachträge mit weiteren fast 350 Seiten erschienen, welche die in diesen 15 Jahren veröffentlichten Neuerscheinungen verzeichnen. In 17 Gruppen ist der Katalog von 1950 gegliedert, sie beginnen mit Altorientalia und Klassischem Altertum und gehen über alle Disziplinen bis hin zur Technik und Tierheilkunde. Es ist sinnlos, einzelne Titel aufzählen zu wollen, denn in jeder Disziplin begegnen dem Fachmann eine oftmals überwältigende Fülle von Standardwerken, die er für seine Arbeit nicht missen kann.

Dabei darf nicht vergessen werden, daß vor diesem Katalog von 1950 die Jahre des Zusammenbruchs liegen. In der Mark Brandenburg, vor den Toren Berlins, befand sich die Druckerei des Verlages mit einer hervorragend ausgestatteten Setzerei. Sie ging nach 1945 ganz verloren. Das Hauptlager befand sich an der gleichen Stelle. Nur mit allergrößter Mühe und unter unendlichen Schwierigkeiten gelang es, wenigstens eine Reihe wichtiger Bestände nach Berlin zu überführen. Auch in Berlin selbst hatte der Verlag unersetzliche Verluste erlitten. Aber wenigstens das Stammhaus war erhalten geblieben. Hier begann H. Cram alsbald, Setzerei und Druckerei neu aufzubauen – die ersten Monotype-Setzmaschinen, die nach dem Krieg wieder nach Berlin gelangten, waren für den Verlag de Gruyter bestimmt. Heute steht neben dem Verlagshaus ein 5-stöckiges Druckgebäude, 1960 wurde hier zu H. Crams 70. Geburtstag mit der Arbeit begonnen. Das war eine Antwort auf die von manchen nach 1945 an ihn herangetragenen Ratschläge, die Zentrale des Verlages aus Berlin wegzuverlegen. Dazu hätten die seit langer Zeit in Hamburg und München arbeitenden Verlagsabteilungen die besten Voraussetzungen geboten. Neben dem Verlust der Druckerei und wesentlicher Lagerbestände hätte auch der Niedergang der Berliner Universität und der Berliner Akademie der Wissenschaften, die vor und nach 1945 durch Weggang oder Tod ihrer führenden Männer – in ihrer Mehrzahl Autoren des Verlages – beraubt worden waren, Grund genug dafür geboten. Aber H. Cram widerstand diesen Ratschlägen, und zwar mit aller Entschiedenheit und setzte statt dessen alles, was der Verlag und er selbst besaßen, für den Neuaufbau in Berlin ein.

Wer nun meint, H. Cram hätte sich damit begnügt, die Arbeit der verschiedenen Verlagsabteilungen zu koordinieren und sich auf die größeren Aufgabenkomplexe seines Verlages zu beschränken, der befindet sich in einem, wenn auch naheliegenden Irrtum. Schon mehrere Stunden Arbeit hatte er jeden Tag hinter sich, wenn früh die erste Verlagspost kam. Zusammen mit seiner Sekretärin verteilte er sie selbst auf die einzelnen Abteilungen, jede Einzelheit dabei verfolgend bis hin zu den Bestellkarten der Buchhändler. Und so wie hier arbeitete er den ganzen Tag. Jeden Brief, der aus dem Hause herausging, hatte er gelesen und im Normalfall unterzeichnet. Was er tagsüber nicht bewältigen konnte, nahm er in dicken Mappen, als einer der letzten das Verlagsgebäude verlassend, abends mit nach Hause. Kein Verlagsprojekt, ob es nun groß oder klein war, wurde ohne seine Mitwirkung und Zustimmung beschlossen. Natürlich hatte er seine „Lieblingskinder" – dazu gehörten neben der Technik und den Naturwissenschaften eine ganze Reihe von geisteswissenschaftlichen Disziplinen und nicht zuletzt die Theologie – aber er lebte auch in den Aufgaben der anderen Verlagsabteilungen.

Wie er diese geistige Leistung bewältigte, ist sein Geheimnis. Natürlich brachte er eine umfassende Bildung mit, selbstverständlich war er ständig bemüht, sie zu mehren. Der Rat seiner Abteilungsleiter stand ihm stets zur Verfügung ebenso wie die Auskünfte und Hinweise von ihm selbst ausgewählter Berater. Aber das alles

erklärt nicht, wie er es vermochte, die Aufgaben zu lösen, vor die er sich bei der Übernahme des Verlages gestellt sah und wie er es möglich machte, den Verlag durch alle
Schwierigkeiten und Krisen der vergangenen Jahrzehnte hindurch immer weiter bis
zur heutigen Gestalt fortzuentwickeln. Die völlige Hingabe an die Sache, die äußerste
Aufbietung der Kräfte, der Verzicht auf beinahe alles, was den meisten das Leben
angenehm macht, erklärt vieles, aber nicht alles. H. Cram lebte ein gerades Leben,
er war tief verwurzelt in einem lebendigen evangelischen Glauben. Lagen hier die
eigentlichen Wurzeln seiner Kraft und seiner Leistung? Er hat sich jedenfalls verzehrt
an seiner Aufgabe. Seine kräftige Konstitution hätte jeden, der ihn kannte, für ihn
ein längeres Leben erwarten lassen, als er es erreicht hat. Aber als der ständig über-
forderte Körper sich den an ihn gestellten Anforderungen zu widersetzen begann,
dachte H. Cram nicht daran nachzugeben. Mit äußerster Härte gegen sich selbst
trotzte er seinem Körper immer wieder die Leistungen ab, die er für notwendig hielt,
bis er schließlich unterlag. Herbert Cram wird unvergessen bleiben, als Mensch bei
allen denen, die ihn gekannt und mit ihm zusammen gearbeitet haben, als Verleger
bei allen denen, welche die im Verlag de Gruyter erschienenen Werke benutzen, unter
denen sich auch für einen wissenschaftlichen Verlag ungewöhnlich viele befinden, die
Generationen überdauern werden. Sie werden unter dem Namen Walter de Gruyter
fortbestehen. Er verdeckt den Herbert Crams, der dem Verlag doch über 40 Jahre hindurch das Gepräge gegeben und ihn zu dem gemacht hat, was er heute ist. Aber diese
scheinbare Anonymität entspricht ganz dem Wesen Herbert Crams, der die Sache
über alles stellte und ihr seine Person ganz aufopferte.

Der einzige Sohn H. Crams, der jetzt die Leitung des Verlages übernimmt, tritt in
eine große Nachfolge ein.[1]

Die schwierigen Jahre nach dem Ende der NS-Herrschaft hatte der Verlag
Walter de Gruyter im Wesentlichen aufgrund seiner „stillen Reserven" – der
Verlagsrechte – überdauert. Zunächst hielt die Verlagsleitung den Betrieb am
Laufen, indem die teilweise erhalten gebliebenen Lagerbestände verkauft und
anschließend unverändert nachgedruckt wurden. Dies galt insbesondere
für die relativ zeitnah wieder nachgefragten Lehr- und Handbücher sowie
die Sammlung Göschen.[2] In den 1950er-Jahren ging es zwar bergauf, aber
familiäre Auseinandersetzungen und wohl auch die personelle Kontinuität
verhinderten einen tatsächlichen Aufbruch. Herbert Cram verharrte in
seinen antiquierten Vorstellungen von patriarchalischer Unternehmens-
führung und seinem persönlichen Idealbild eines wissenschaftlichen Univer-
salverlags. Weder hielten neue Wissenschaftsdisziplinen noch ein moderner
Führungsstil oder der Aufbau neuer Standorte Einzug bei De Gruyter. Vor
allem eine internationale Ausrichtung wurde erst von den neuen Geschäfts-
führern Kurt-Georg Cram und Kurt Lubasch ab Mitte der 1960er-Jahre eingeleitet. Sichtbaren Ausdruck fand dies in der Gründung des New Yorker

---

[1] Kurt Aland, Herbert Cram zum Gedächtnis, Stabi Dep. 42,464 (1).
[2] Lubasch, De Gruyter 1945 bis 1989, S. 349 f.

Tochterunternehmens 1971. Der eigentliche Durchbruch auf dem Weg zur Internationalisierung war der Erwerb des niederländischen Verlages Mouton Publishers 1977, der zahlreiche US-amerikanische Wissenschaftler unter Vertrag hatte und bereits 80 Prozent seiner Publikationen in englischer Sprache veröffentlichte.[3]

---

[3] Ziesak, Der Verlag Walter de Gruyter, S. 269 f.

Abbildungsverzeichnis

Personenregister